中华先烈人物故事汇

军事科学院解放军党史军史研究中心

军代英

学习出版社

中华先烈人物故事汇《恽代英》编委会

主　任：张从田

副主任：陈秋波　　曲宝林　　陈传刚
　　　　余　戈

编　委：郭　芳　　周　鑫　　王　冬
　　　　王　雷　李　涛

主　编：周　鑫

副主编：陈秋波

编　著：李振林

目 录
Contents

引 子

风雨如晦中，他为千万青年擎起前行的火炬。

革命狂飙中，他为亿万后人立起不朽的丰碑。

他就是中国青年的楷模，青年运动领袖恽代英。

恽代英，中国共产党创建时期的重要领导人，伟大的无产阶级革命家、理论家和宣传家，中国共产主义运动的先驱。1895 年 8 月生于湖北武昌，祖籍江苏武进。1921 年年底加入中国共产党，在中国社会主义青年团二大、三大上当选为团中央委员，创办团中央机关刊物《中国青年》，任主编。曾任黄埔军校政治主任教官，主持武汉中央军事政治学校。在中共五大上当选为中央委员，在中共六届三中全会上补选为中央候补委员，参与领导八一南昌起义和广州起义。曾任中共中央宣传部秘书长、组织部秘书长，主编中共中央机关刊物《红旗》。后调任沪中区委书记和沪东区委书记。1930年5月不幸被国民党反动派逮捕，1931年4月在南京英勇就义。

恽代英出生于武昌一个书香世家，在高等小学读书时被老师誉为"奇男儿"。小学毕业后移居老河口，接触了西方哲学思想。辛亥革命爆发，激发了他的爱国主义热忱。1913年，他迁回武昌，考入私立武昌中华大学预科班。

新文化运动兴起后，恽代英在《新青年》等进步刊物上发文，发起成立了青年进步团体互助社。大学毕业后，他留校任中学部主任。五四运动爆发后，他积极投身反帝爱国运动。1919年10月，他加入少年中国学会，随后办起利群书社。1920年春，他前往北京与李大钊、邓中夏等建立联系。11月，他到安徽宣城师范学校任教务主任，大力推进教育改革，后被当局以"宣传赤化"为名下令通缉，被迫离开。中国共产党成立后，恽代英立即申请加入，于1921年年底加入中国共产党。1921年10月，恽代英来到四川泸州，任川南师范学校教务主任。他成立了马克思主义研究会，点燃了革命火种。担任校长后，他开展"择师运动""经济公开"等活动，对陈腐的教育制度进行改革，被地方保守势力撤去校长职务并拘留，后被释放。

1923年，恽代英主编团中央机关刊物《中国青年》，开始了职业革命家生涯。1924年国共合作时期，他参加国民党上海执行部的工作。1925年，他参与领导了五卅运动，积极发动社会各界群众参加斗争。1926年，他南下广州任黄埔军校政治主任教官。

1927年年初，恽代英北上武汉任中央军事政治学校政治总教官，实际负责军校工作。中共五大上，他当选中央委员，并与叶挺等人一起领导部队击退夏斗寅叛军。汪精卫发动反革命政变后，他转入地下斗争，秘密开展与反动派的斗争。

7月下旬，中共中央决定由周恩来、李立三、恽代英、彭湃四人组成中共中央前敌委员会，领导南昌起义。8月1日凌晨，在前敌委员会的领导下，党所掌握和影响的军队在南昌举行起义，选举产生了新的中国国民党革命委员会，恽代英担任七人主席团主席、宣传委员会代主席和起义军总政治部代主任等职务。起义军南下后，在广东潮汕地区受挫，恽代英乘船疏散到香港。

11月，恽代英从香港赶赴广州，筹备广州起义。12月11日凌晨，在张太雷、叶挺、恽代英等人领导下，广州起义爆发。因反动势力过于强大，起义失败。13日深夜，恽代英撤往香港。在香港，他一边寻找、接待和安全转移起义流散人员，一边负责编辑广东省委《红旗》杂志，开始了半年多的隐蔽战线生涯。

1928年，中共六大以后，恽代英被调往上海担任中共中央宣传部秘书长，主编中共中央机关刊物《红旗》，后又调任中央组织部秘书长。年底，党的领导人李立三不顾敌强我弱的基本事实，盲目主张搞城市暴动。恽代英觉察后，多次通过组织程序反映，但被扣上"调和主义""右倾机会主义"的帽子，调到上海沪中区任行动委员会书记，后又任沪东区行动委员会书记。恽代英虽遭打击，仍严守纪律，坚持党的地下工作。

1930年5月6日，恽代英在工作接头时不幸被捕。因证据不足，以政治犯罪名被判刑。在狱中，恽代英领导难友们同反动派继续作斗争。1931年4月24日，中央特科负责人顾顺章被捕叛变，出卖了尚未暴露身份的恽代英。恽代英宁死不屈，4月29日在南京英勇就义。

恽代英的一生是光辉战斗的一生，为中国革命运动立下了不朽的功勋。

少年壮志：
探索救国道路

恽家奇男儿

    1895 年 4 月，清政府和日本明治政府签订了丧权辱国的《马关条约》，中国割让辽东半岛、台湾岛、澎湖列岛给日本，赔偿日本两亿两白银……这一系列的条款，加深了中国的民族危机，使中华民族滑向苦难的深渊。然而，在古老的中国大地上，绝大多数民众依然在按部就班地生活着，似乎什么都没有发生。

    这一年 8 月 12 日，湖北武昌老育婴堂一幢挂着"毗陵恽寓"门牌的大宅子里，一个男婴呱呱坠地。这是恽家的第二个男孩，在多子多福的传统社会里，家人自然是要欢天喜地地庆祝他的降生。父母希望孩子长大成人后，能成为光耀门楣的英杰之士，于是按照行辈字给孩子起名代英，号子毅。

恽家祖籍是江苏武进县小河石桥湾恽家村，是一个书香世家。祖父恽元复博学多识、腹有诗书，张之洞任湖广总督时，对他颇为赏识，以候补知县分放湖北，举家迁到武昌。恽元复有5个儿子，代英的父亲恽爵三排行老二。他为人平和，古文底蕴深厚，以"候补府经历"的资历，陆续在湖北省内的一些州县官府内充当幕僚。

恽代英的母亲陈葆云，湖南长沙人，是恽元复好友陈寿椿的三女儿，两位老友意气相投，便促成了儿女们的姻缘。陈葆云嫁入恽家后，前后生下4个儿子，在封建大家族里很受敬重。代英的大哥叫代钧，三弟叫代兴，小弟叫代贤。小时候，母亲是四兄弟的启蒙老师。母亲平时教他们兄弟诵读四书五经、唐诗宋词以及《三字经》《百家姓》《弟子规》等传统典籍。恽代英6岁就进了恽家私塾，跟家族里的堂兄弟们一起学习，小小年纪就表现出了比同龄孩子更多的聪颖和悟性，很受族中先生的赏识，识才爱才的教书先生不自觉地给他开起了"小灶"，有意多教他一些文化课。

1905年，清政府废除了科举制度，开始办学校。恽代英被送到龙正初等小学堂学习。1907年，他以优异成绩考入武昌北路高等小学堂就读。在这里，他的才华进一步显露，写起文章来文思泉涌，不但常常有奇思妙想，而且直抒胸臆、见解深刻。

刚入学不久，国语老师李沅衡布置了一篇作文，当批改到恽代英的作文时，只读了几句，便被深深吸引住了，那充满气势的排比句、引经据典的哲理名句、入木三分的独到分析，哪像一个十几岁孩子的手笔。李沅衡带着疑问，把恽代英叫到了身边，问他：

"这篇文章是你自己写的？"

"是的，先生！"

"你在家都读过什么书籍？"

"小时候跟随家母读四书五经，这两年开始读一些……"

恽代英恭敬地回答着先生，把这几年读过的书跟先生说了一遍，李沉衡频频点头，不时问两句跟恽代英所读的书有关的知识，恽代英都回答得头头是道，李沉衡越发喜欢上这个弟子了。

待恽代英离开后，李先生继续批改作文，大段圈阅，读到最后，不禁拍案叫绝："奇男儿啊！奇男儿！"从此，李先生经常向其他老师和学生推荐恽代英的作文，有师友来访，他都忍不住夸耀他的得意门生：代英这孩子了不得。

恽代英从小喜好读书，一读起书来，如痴如醉、废寝忘食，被大家亲切地称为"书痴"。他特别喜欢读《三国演义》，这让原本有些不喜欢交际的他逐渐开朗起来。有一段时间，一到傍晚，恽家孩子们就围在一起，听恽代英讲"三国"。每当讲起里面的历史人物和精彩故事，他绘声绘色，让孩子们"乐不思蜀"，忘记了回家。

恽代英生在武昌，经常跟着家人到长江边观看长江景色。有时迎着夕阳，望着水天一色；有时看着雾锁大江，虚无缥缈；有时遥望对岸，郁郁葱葱……他常常凝视着大江东去、浩浩荡荡的万千气象，不说一句话，脑子里升腾起无限遐思。长江，中华民族的又一条母亲河，以它的博大胸怀滋养着华中大地，也陶冶着恽代英小小的心灵，他是多么希望长大后，自己的心胸和人格能够像长江一样波澜壮阔。于是，他把自己的房间称为"爱澜阁"，把自己的文稿定名为《爱澜阁文稿》，日记也称为《爱澜阁日记》。

1908年，恽代英小学毕业，按照当时清政府的规定和他的出色成绩，学校打算推荐他去美国留学深造，但母亲觉得他还小，舍不得让他出国，谢绝了学校的建议。这时，父亲恽爵三被任命为襄阳老河口盐税局局长，全家人就移居到老河口。那儿条件差，没有学堂，只好由母亲陈葆云挑起教育孩子的重担，让他们兄弟在家自学。母亲把"自省、自学、自律"作为家教原则，教育孩子严格要求自己，坚持写日记，把自己每天做人做事、所思所想都如实记录，并自我反省，知错就改。这对进一步养成恽代英坚毅、坦荡的性格起到了很大的作用。

这一时期的恽代英，更多地思考人生，探索世界。他读了很多书，有《纲鉴易知录》《古文

观止》《战国策》等传统典籍，从中吮吸着"修身""立志"的思想。恽代英特别喜欢梁启超所著的《饮冰室文集》，喜欢吟诵里面的《少年中国说》，激昂向上的文字让他大为振奋，爱不释手。当接触到戊戌变法中为变法而死的爱国志士谭嗣同时，他十分敬佩谭嗣同的浩然正气，觉得做人就应该像谭嗣同那样，为了救国救民而甘愿抛头洒热血。他后来回忆这段岁月时曾写道："我常回想到在我十三四岁的时候，所想象的只是'中流击楫''揽辔澄清'的人格。"

父亲视野开阔，已经认识到外文的重要性，便请老河口邮政局局长罗衡甫为4个孩子教授英文。在罗老师的悉心教育下，恽代英的英文水平突飞猛进。恽代英在邮局看到了各地出版的新书目录，大开眼界，经常拿一些零花钱去购买喜爱的书籍。他选了很多西方社会科学的书籍和一些文学名著，开始接触了卢梭、孟德斯鸠、康德、达尔文、莎士比亚等人的著作，以及林琴南翻译的西方小说。从此，他遨游在知识的海洋里，更加废寝忘食地读书，以致眼睛到了高度近视的地步，早早地戴上了眼镜。

1911年冬天，武昌起义的消息传到了老河口，不久，襄阳也举事了。随之而来的，父亲恽爵三盐税局局长的职位不复存在。但恽代英几兄弟的心情却没有因此受到影响，反而有不小的兴奋，他们果断地剪掉了脑后的长辫子，迎接新时代的到来。

五四急先锋

1913年，恽代英随全家迁回武昌。这年夏天，恽代英在恩师李沅衡的支持下，以优异的成绩考入了私立武昌中华大学预科班。在学校，他更加严格地要求自己，仍坚持每天修身反省，学习上如鱼得水，各科成绩名列前茅。1915年，他顺利进入中华大学文科攻读中国哲学。他兴趣广泛、知识渊博，除了阅读大量的社会科学方面的书籍之外，还广泛涉猎植物学、生理学、物理学等方面的书籍。他的外文功底也相当不错，能够阅读和翻译英、日、德三种文字，被同学们誉为"百宝箱"。

知识不断充实和丰富着恽代英的头脑，但满目疮痍的中国社会、人民苦难的现实生活，常常让他陷入痛苦的深深思索。1914年10月，他在上海《东方杂志》上发表了一篇评论国际大事的文章《义务论》，文中批判了以"攫取、利己、竞争"为核心的欧美国家的西方文明，歌颂了以"献身、服务、利他"为核心的东方文明，并宣示自己反对私有制度、向往大同世界、追求利他主义的理想。这篇思想深刻的政治评论文章，使他一下子成了轰动全校的"明星"。新文化运动兴起后，恽代英觉察到这一运动的民主、科学的历史进步性，他敏锐地意识到，这不正是自己苦苦思索的方向吗？他很快与《新青年》杂志主编陈独秀建立了书信联系，并在《新青年》《青年进步》等进步刊物上发表文章，热情讴歌新思想、新文化，批判旧思想、旧文化。

恽代英主张男女平等，坚决反对男尊女卑的封建礼教。他先后写下《论女权》《女子自立论》等文章，抨击封建夫权，弘扬女权。他是这样说的，也是这样做的。1915年下半年，他与沈葆秀结婚后，经常向妻子宣传新思想，教她写日记和学英语，鼓励她自立自强。小两口互相体贴，互相帮助，生活十分美满。遗憾的是，1918年，妻子沈葆秀因难产不幸去世，恽代英悲痛万分。后来，陆续有人为他做媒，恽代英都拒绝了："男子丧妻，就可以转眼即忘，另结新欢？这是何等的不平等，何等的罪过！"此后近10年，恽代英心里装着逝去的葆秀，将全副身心投入到学习工作中。

辛亥革命后，进步社团如雨后春笋般在中国大地上涌现。为了寻求救国救民的道路，实现自己献身社会的理想，恽代英身体力行地开始了实践探索。1917年10月，他和挚友们经过讨论，发起成立了以"群策群力，自助助人，伺候国家，伺候社会"为宗旨的进步青年团体——互助社，名字取自他们所崇拜的克鲁泡特金名著《互助论》，这成为武汉地区最早的进步团体之一。恽代英起草了团体简章，制定了"八不"戒约：不谈人过失，不失信，不恶待人，不作无益事，不浪费，不轻狂，不染恶嗜好，不骄矜。这些聚在一起的年轻社员们特别强调个人品格的修养，互相鼓励，互相切磋，振奋精神。恽代英利用假日，邀大家一起到青山、谌家矶等地考察民情、访贫问苦。在他们的影响下，青年进步社团遍及武昌的大中学校。

互助社有着强烈的爱国主义特征，他们大力提倡使用国货，寻求真理。恽代英在印刷和散发反抗帝国主义、勿忘国耻的爱国传单时，还不忘记在纸上注明：这是中国纸。他发现市面上的剪发工具竟没有中国货，于是他们一律用推子剃成光头，以示爱国决心。互助社在师生中吸引了许多优秀分子参加，他们以改造社会为己任，团结在一起，共同学习进步。形势进一步发展，1918年4月，恽代英联合中华大学、湖北省立第一师范学校等多个院校的十几位青年发起成立了辅仁社，进一步推动了武汉地区新文化运动的蓬勃发展。

1918年夏天，恽代英从中华大学毕业，在"教育救国论"的指导下决定留校，被母校聘任为中华大学附属中学部教务主任，开始了他的教学生涯。

早在学生时代，恽代英就反复表达了"择校

谋生""立品救国"的思想。当中华大学校长陈时提出将聘请他为教务主任时，恽代英提出了他的3个条件：

一、中学部独立成为附中，经费自给，不足时由大学部补助，一切支配由附中全面负责。附中收入，不得挪作别用。

二、教职员进退以称职与否决定，校长不得干涉。

三、招生及学生去留以操行学业为标准，任何人不得干预违反规定。

校长当即答应了他的全部要求。恽代英接受聘任后，心里十分高兴。他满怀除旧布新的志向，开始大刀阔斧地改革学校旧制度，推行他的教育主张。

恽代英深受民主主义教育思潮的影响，认为教育的目的主要包括两方面的内容：第一是"在利导人类可教育的本能……以达到增进人类幸福、个人身心壮健之目的"；第二是"利导人类可陶冶的本能……使各种本能合当发达，社会由之改进"。他主张学校要为社会培养身心健康的全面人才。他的教育是一种全面的教育，包括爱国情操、道德品性、体育、美育、劳动等，教育管理严格又不失活泼，并十分注意教材和教育方法与中国学生的适合，使附中风气为之大变，赢得了师生们的交口称赞。

这一时期，正是思想解放运动风起云涌的变革时代。恽代英在大力推进学校改革的同时，时刻关注着国内外形势的变化。

1919年1月，第一次世界大战的战胜国在法国巴黎召开"和平会议"，中国作为战胜国之一参加了会议。会上，帝国主义列强不但拒绝了中国代表提出的废除外国在中国的势力范围、撤退外国在中国的军队和取消"二十一条"等正当要求，还不顾中国作为战胜国的地位，无耻地将战败国德国侵占中国山东的权益转让给了日本。消息传到国内，北京学生群情激愤，学生、工商业者、教育界和许多爱国团体纷纷通电，上街游行，斥责日本的无理行径，并要求中国政府坚持国家主权，由此爆发了声势浩大的五四爱国运动。5月6日，《汉口新闻报》报道了这一消息。恽代英看到后，怀着悲愤的心情，写下了字字铿锵的《四年五月七日之事》一文，并将内容印上传单，连夜赶印了600份，在全校内外散发。

5月9日，武昌各学校学生代表齐集中华大学，商讨声援北京学界，拟定成立武昌学生团。大会公推恽代英起草学生团宣言书。他夜以继日，写出了4000多字的《武昌学生团宣言书》，宣言书高度评价了北京五四运动，痛斥了卖国贼的卖国谬论，对帝国主义所谓的"公理"进行了无情的嘲讽和鞭挞，宣言书在武汉地区大中学校中引起了强烈反响，推动了武汉地区爱国民主运动的发展。在恽代英等人的推动下，武汉学生联合会正式建立。武汉学界的先进代表林育南、陈潭秋、李书渠、廖焕星、李求实等人成为其中的骨干人物。武汉学联发行《学生周刊》，大力宣传武汉学界的爱国主张，还组织了武汉各校爱国师生广泛参与的示威游行。恽代英撰写了爱国传单《呜呼青岛》，唤起了更多师生的爱国热忱和对帝国主义的愤慨。游行学生的爱国行动受到了武汉民众的热烈欢迎。"勿忘国耻""灭除国贼""争回青岛""提倡国货"等爱国口号深入人心，极大地促进了武汉人民的觉醒。

随着学生运动的进一步深入，北洋军阀政府与日本等帝国主义相勾结，对学生爱国运动进行各种镇压。湖北督军王占元更是想尽各种办法，企图遏制学生运动。5月底，武汉学联再次举行会议，决定6月1日起实行总罢课，同时发表了《武汉学生罢课宣言》。6月1日清晨，王占元派出大批军警包围了各学校。不畏强暴的爱国学生没有被吓倒，大门被军警堵住不让出，他们就爬上围墙走出校园，冲破重重阻力会集起来，来到街头发传单、搞宣讲，参加游行示威。

各个学校内，军警与学生发生冲突，王占元公然下令镇压，军警冲进校门，对爱国学生持枪乱刺，武昌高师、武昌文华大学、高等商科学校等均有学生不同程度受伤，几十名学生被捕，制造了震惊全国的武汉六一惨案。

当晚，学生们冒雨聚集在督军府和省署门前，静坐示威。恽代英和林育南、李求实等人始终在现场指挥着这一爱国斗争。武汉的工人、市民纷纷送来姜汤、食物，为学生们搭起雨棚，积极声援学生们的爱国行动。看到学生们高涨的革命热情，恽代英更加振奋，他在日记中写道："今日为罢课演讲之第一日，即湖北学生与官厅宣战之第一日也。"

为瓦解爱国学生阵营，王占元勒令武汉各学校提前放暑假，限学生3天内全部离校，强留校者取消伙食，并下令各旅馆不准接纳学生。恽代英得知这一消息后，立即与学联代表商讨对策，要求各校学生紧密团结起来，采取一致行动，继续留校战斗。6月3日，他们组织学生再次上街游行，强烈要求王占元取消这一决定。然而，这一天的行动再次遭到残酷镇压。

血的教训让恽代英明白，爱国运动仅靠学生孤军奋战是很难成功的。他连日来奔波于长江两岸，访问和争取武汉商界有影响力的人物，为爱国学生"作说客"。他和著名的施洋律师等人发起了武汉各界联合会，组织起更大规模的商界罢市、工界罢工，以推进武汉的爱国运动。为配合汉口商人的罢市行动，恽代英写了《为什么要罢市》的传单，除了散发，他还想到了一个好主意，将罢市的口号写在扇子上，送给市民使用传阅，这在大热天的武汉起到了极好的传播效果。

武汉人民声势浩大的斗争，最终迫使王占元释放了被捕学生，并向北洋政府和参加巴黎和会的中国代表去电，要求拒绝在和约上签字。在这次运动中，恽代英的组织能力和出色表现，赢得了广大师生的热烈拥护和高度评价，也引起了王占元的极大不满，他向中华大学校长施压，要求解聘恽代英，否则将封闭中华大学。1920年1月，恽代英为了保全学校，主动向校长提出了辞职。

上下求索：
走上革命大道

利群助人

五四运动后，全国各地反帝爱国运动风起云涌，各种新思潮以更迅猛的速度，在社会上传播开来。恽代英深刻地认识到，中国广大的先进知识分子，不能仅仅怀有忧国忧民的豪情壮志，更要有拯救中国的历史担当和实际行动。

恽代英决心团结更多以救国救民为己任的志同道合的朋友。他生动地用行星、太阳作比喻，希望扩大团体，在全国范围内形成一个拯救国家的大团体，与落后的黑暗势力作斗争。1919年秋，为寻求改造社会的手段，恽代英按照"新村主义"的构想，与同道青年一起尝试建设起了新村。年底，他又同王光祈、陈独秀、李大钊等人发起成立了工读互助团。恽代英对社会新生活的向往，得到林育南、李书渠、廖焕星等人的热烈响应。他们决定创办一个经销各种书报的进步商店，实行一部分财产公有，作为在城市实现新生活的基地。

1919年12月的一天，就在书社筹建的关键阶段，一位身穿灰布长衫，肩挎着一个白布包袱的高个子青年人，找到了恽代英，他用浓重的湖南口音自我介绍道：我叫毛泽东，来自长沙的湖南省立第一师范学校。

恽代英见到毛泽东十分高兴。他们之前已有书信来往，这次见面更是一见如故。两人畅谈革命理想，交流与反动势力作斗争的经验。

原来，毛泽东是率领驱逐湖南督军张敬尧的代表团赴京请愿时路过武汉，特意来会见恽代英的。他在湖南第一师范，以新民学会会员为骨干，领导学生公开打出驱张的旗号，发动全省学生罢课、工人罢工、商人罢市，并派出代表分赴北京、广州、上海等地，揭露张敬尧的倒行逆施，争取全国人民的支持。

在毛泽东和恽代英相处的日子里，他们每天在一块谈天说地。毛泽东将起草的《驱张宣言》交给恽代英看，他看后赞叹道："真是振奋人心，大快人心！'饿狼之兵''猛虎之政'不能不除！"恽代英立即将《驱张宣言》印成传单，安排互助社、仁社成员在武汉三镇广泛散发。

恽代英也将筹办利群书社的情况告诉了毛泽东，并希望毛泽东在武汉多住些日子进行指导，毛泽东幽默地说："君处湖之北，我生湖之南。我也有不少问题要从你这里借取他山之石啊。"

毛泽东对利群书社的筹备很是赞赏，给予了一些建议。他觉得办书社是个好办法，打算自己回长沙后也办一个书社，但苦于没有资金。恽代英热情地帮着出主意："我可以为你做信誉担保，还可以帮忙联系陈独秀、李大钊先生，他们都热情支持青年，也可以请他们做担保，这样的话，你们购进书籍，就和我们一样享受极大的优惠，我们还可以互通有无，彼此进步。"于是，他们根据两地的实际情况，制订了一个相互支持合作的方案。

1920 年 2 月，利群书社在武昌胡林翼路十八号正式开业，宗旨是"利群助人，服务群众"。书社以互助社为核心，吸纳了武汉地区的日新社、辅仁社、健学会等团体的不少成员，成为各个进步社团的联合体。他们聚集在一起，共同生活、工作、学习，每天自己动手整理书店，出售书报，为前来的读者提供服务。书社打烊后，他们一起学习讨论，各自总结，填写自省表，检查自己当天是否做了利群助人的事，并对错误的思想言行开展自我批评。这群充满朝气的年轻人聚在一起，始终保持着一种昂扬向上的精神状态。

1920 年 9 月，《湖南大公报》刊登了一则长沙文化书社的开张广告，这正是毛泽东发起成立的进步书社。广告上清晰地注明了书社的担保人是陈独秀、李大钊、恽代英。恽代英兑现了他的承诺，长沙文化书社向外埠订购图书时能和利群书社一样，免去押金。利群书社和文化书社两个书社关系紧密，互相帮助，成为华中地区传播马克思主义思想的两大阵地。

在这两个书社里经销各种进步刊物，有《共产党宣言》《共产主义ABC》《社会主义从空想到科学的发展》《马格斯资本论入门》《阶级争斗》等马恩著作和《新青年》《共产党》《每周评论》等几十种，每天吸引着许多追求进步的青年和群众订购、阅读，就像一盏明灯一样，给处在彷徨中的青年带来了光明。许多人就是在这里阅读了进步书刊，学习到了马克思主义，走上了革命的道路。我党早期的著名理论家萧楚女，就是在利群书社刻苦自学，打下了坚实的马克思主义理论基础。进步大律师施洋也是书社的热心读者，在这里初步接受了马克思主义，逐渐摒弃了无政府主义，通过革命的实践，最终成为坚定的共产主义战士。

1920年下半年，武汉地区马克思主义研究会成立，会员经常来这里阅读马恩著作、讨论时事，并举行读书报告会，开展各种活动。利群书社不仅是武汉地区宣传马克思主义和新思想的重要阵地，也是武汉地区进步青年的对外联络点。它介绍新文化，跟《新青年》《少年中国》等杂志社都有业务往来，和北京、上海、长沙的进步社团保持着密切联系。

为进一步扩大利群书社的影响，恽代英和林育南、李求实、林育英等人，还在黄冈县回龙山创办了浚新小学，在武昌大堤口创办了小型的利群毛巾厂，毛巾厂的所有成员均实行半工半读。利群书社的成员，经常到这里参加劳动，以此作为他们准备实现共同生活的试验点。

闷热的天气渐渐转凉，利群书社的活动随着开学季的到来更加活跃。这个秋天，恽代英一直沉浸在繁忙的翻译工作中。原来，他受陈独秀的委托，翻译考茨基的《阶级争斗》一书。起先他并没有非常热心，开始翻译后，他发觉这本书不但命题新鲜，而且新思想新观点层出不穷，他迷上了这些新思想，下决心以每天上万字的速度，争取半个月全部译完。

当翻译到极为精彩的内容时，恽代英忍不住同身边的朋友们分享起来。年轻的朋友们听到这门新学问，也着迷了，后来大家一致要求恽代英脱产翻译，白天属于恽代英做的书社杂务，他们全包了下来，条件是每天晚上恽代英要把当天翻译的精彩内容讲给他们听。就这样，那段时间利群书社的晚上，俨然成了属于恽代英的阶级斗争学说的"晚训班"。这对大家的思想转变，起到了很大的促进作用。

翻译进展很顺利，这本书在 1921 年 1 月由新青年社作为"新青年丛书"第八种出版。书中阐述了马克思的阶级斗争学说，对毛泽东、周恩来、董必武、彭德怀等老一辈革命家的早期革命思想的发展都产生过很大的影响，也深深地影响了广大进步青年的思想。毛泽东在 20 世纪 30 年代曾在陕北对采访他的埃德加·斯诺回忆说："有三本书特别深地铭刻在我的心中，建立起我对马克思主义的信仰。我一旦接受了马克思主义是对历史的正确解释以后，我对马克思主义的信仰就没有动摇过。这三本书是：《共产党宣言》，陈望道译，这是用中文出版的第一本马克思主义的书；《阶级争斗》，考茨基著；《社会主义史》，柯卡普著。"

到北京取经

利群书社开业不久，恽代英就接到少年中国学会的一封邀请信，要他去北京负责编辑"少年中国学会丛书"。这边是费尽心血刚开办起来的利群书社，还有许多工作等待他去做；那边又是一次难得的追求真理、结识更多进步青年的大好机会，恽代英十分犹豫。他找来李书渠、廖焕星、肖鸿星等人商量。

大家听了他的介绍，都非常支持他去北京"取经"，都异口同声地表示：

"利群书社的事有我们几个在，你就放心吧。"

"对啊，去北京见见大世面，以后把我们的事业做得更大。"

恽代英很感动，对他们说："利群书社是我们共同追求的事业，像个娃娃一样才刚刚开始成长，就托付给大家了。一定要耐心细致地呵护她，无论遇到什么困难，一定要把书社办下去，还要不断扩大她的影响力。"

"我们保持密切联系，你在那边珍重……"

几天后，恽代英同林育南、郑兴焕、沈光耀离开了武汉，踏上了"北上取经"的道路。

北京是当时中国思想最活跃的地方，社会主义、无政府主义、新村主义、国家主义等，都在以自己的方式撞击着人们的头脑。自新文化运动以来，尤其是五四运动爆发后，各种思潮急剧斗争分化，来自全国的进步青年都会聚在北京。

少年中国学会是五四时期出现最早、会员最多、分化剧烈的一个社团。它是由王光祈、李大钊等人发起，于1919年7月1日正式成立。学会的宗旨是"本科学的精神，为社会的活动，以创造'少年中国'"。

恽代英的好朋友刘仁静是第一批会员，创办之初，刘仁静曾将《少年中国学会会务报告》和《学会规约》寄给了恽代英。恽代英如获至宝，认真地研究了这些资料，他觉得少年中国学会正是自己多年来寻找的那种养成善势力、扑灭恶势力的团体；学会的信条：奋斗、实践、坚忍、俭朴，更是与这几年来自己所追求的信条相吻合。他立即给学会发起人王光祈写了一封充满深情的信："你们中间有很多能为社会实际做事的人，而且，我看你们的会员通讯，也觉得真是充满了新中国的新精神。假如我配得上做你们的朋友，我实在诚心地愿做一个会员。"少年中国学会非常欢迎他的加入，1919年10月，他正式成为了一员。

1920年4月，恽代英刚到北京不久，就参加了少年中国学会召开的会议，会上，他被公推为学会图书编译部专员，负责学会的图书出版工作。恽代英很快就草拟了一份出版选题计划，其中的书目包括：《马克思及其学说》《克鲁泡特金及其学说》《罗素及其学说》《杜威及其学说》《达尔文及其学说》《唯物史观》《布尔塞维克》《新村运动》《实验主义》等，涵盖了当时社会上流行的各种新思潮。

恽代英利用各种时间，埋头写了大量文章和信件。他在给学会朋友们的信中，热情洋溢地说："我们大家是一样的少年，相信永远保持我们的平民精神、少年精神，永远不期望做什么先知先觉。看清楚罪恶世界的真原因，愉快地努力奋斗上去，前面是光明。我们彼呼此应，大家壮壮胆气，就算是在黑夜旅行，亦不定是个大烦闷的事，亦需要感到一种奇妙的趣味呢！"他专门为《少年中国》写下了长达 4 万字的论文《怎样创造少年中国》，阐述了为什么要创造少年中国的一系列见解。他怀着满腔热情，在和李大钊、邓中夏以及马克思学说研究会的其他朋友们交流了思想后，增长了知识，受到了启发。

在这段思潮起伏的日子里，恽代英和来京求学的好友林育南、沈光耀、郑兴焕，还有早一年考进北京大学的刘仁静，经常聚在一起，共同回顾了他们建立互助社、利群书社的活动，思考着下一步何去何从，探讨着中国的未来该是怎样的。

有一次，他们参加完在清华大学举办的讲演活动后，天色已晚，几个人匆匆赶往城里，可赶到西直门城门时，怎么也叫不开城门。他们担心起晚上在哪儿睡觉，要睡客栈，身上带的钱又不够，这时，恽代英豪迈地说道：

"刚才我发现一个好地方，我们就在那儿过夜吧！"原来，他说的是刚才路上经过的一个废弃的坟场，那里有石人石马、石桌石凳。

他风趣地说："看！这地方多好！上顶星空，下有床铺，多好的露天旅舍啊！"

几个人不约而同地回应道："嘿嘿！还有'兵马'守卫，真是个好地方。"

大家背靠背坐在石桌石凳上，兴致勃勃地谈论起他们这几年的事业。他们满怀信心地计划着怎样办好利群书社、怎样办好浚新小学，怎样建设中国……他们在"美丽蓝图"的憧憬中越谈越兴奋，没有丝毫睡意，竟一直谈到了天亮。

恽代英一直在北京待到6月中旬才返回武汉。一回到武汉，他就向利群书社的伙伴们热情地述说了北京之行的收获，把他跟林育南几个人商讨的经营方式交给大家一起讨论，并将在北京的见闻和思考一股脑儿地倾吐出来。经过讨论，他们有了新的章程，利群书社蓬勃发展起来，影响着更多的进步青年。北京之行，使恽代英开始信仰马克思主义，但他还没有完成世界观的根本转变，就像那个时代

的进步青年一样，还有着十分复杂和矛盾的思想呈现，还有着改良主义、空想社会主义的成分。

1921年6月的一个夜晚，由于军阀王占元的部队发生兵变，利群书社与周围几条街的建筑物一起被付之一炬。这个开办只有一年零四个月的进步书社，为马克思主义的传播发挥了重要的作用。书社被毁，他们的活动只能暂时转移到黄冈县回龙山的浚新小学。恽代英十分心痛，但他更清醒地认识到中国的问题所在。很快，他收拾好心情，把目光投向更远的地方。

宣城师范的"怪先生"

恽代英回到武汉不久，就接到安徽宣城的省立第四师范学校（以下简称宣师）校长章伯钧的聘书，他决定去那儿当"先生"。

1920年11月，恽代英乘船离开武汉，经芜湖赴宣城。这一消息，立即像春风一样吹遍了宣师。宣师的师生们早已熟知这位五四运动中的著名人物、锐意革新的教育家，尤其是恽代英经常在报刊上发表一些关于教育改革的深刻文章，深受师生们的推崇，大家对他的到来充满了期待。

学生们相约去码头，隆重地迎接这位名满天下的老师。可是，等到乘客全下光了，也没见到恽老师的影子。原来，崇尚身体力行的恽代英早已经和随他一同来求学的吴华梓、李求实、刘茂祥3位利群书社成员，从码头挑着行李步行到了宣师门口。

当他们风尘仆仆地来到宣师大门口时，看门房的大爷却把他们拦住了，他怎么也不相信恽代英是来教书的。

"哪有先生挑着行李，穿着草鞋的？"大爷盯着他的装束惊讶地说道。

"大爷，没有谁说教员不能干粗活的啊。"恽代英爽朗地回答。

"就是有，那也不对！"老大爷倔强地说道。

"大爷，没什么不对的！一个人，无论是谁，都该自己的事情自己干！"恽代英耐心地跟大爷聊了起来。

"你说的这个……"老大爷也觉得挺有道理的，一下子不知道怎么回答。

"老大爷，他是恽先生，假不了的。"同来的吴华梓解释道。

"我看你戴着眼镜，穿着长衫，倒像是个教书先生。可这举动忒奇怪了。"

"'怪先生'也是真先生。"恽代英幽默地说道。

门房老大爷见他们几个人亲切和善，又有学问，便让他们先进了学校。"怪先生"的故事很快就在全校师生中传开了，大家越发敬佩恽代英。

恽代英在宣师担任教务主任，兼教英文和修身课。他大力破除旧的束缚，革新教育，采用在中华大学附中时行之有效的一套办学方法，从教育原理和学生特点出发，主张学生自治。他说："教育要顺着学生生长的原理，使他在心理方面、社会方面得到他适当的发展"，"凡事应由学生严格监督教职员，教职员严格监督学生。"

有一次，他高兴地对友人说："即次宣城四师而论，自治才在萌芽，校规却着实进步，彼此监督的力量亦渐渐大了。"在他的热心倡导下，宣师面貌大变，充满了师生互尊互敬的新气象。作为修身课老师，恽代英不失时机地向学生传播革命的道理，他编写教材，油印分发给大家阅读。恽代英经常在课外或假日里，开办讲座，每当学校布告栏里张贴出恽先生讲座的消息，教室里总是早早地挤满了学生，有时候连窗外的过道上也站满了人。他经常教育学生们：要有胆识，要有摧毁旧思想、旧制度束缚的勇气，要善于学习，敢于斗争，光明的前途必然会在青年一代手中创造出来。

恽代英善于启发学生们树立远大的理想和正确的人生观。在学生中举行讨论会就是他常用的方法，每周固定的两个晚上，是学生们期盼的讨论会时间，恽代英会将讨论主题和时间地点，提前书写张贴出来。

一天晚饭后，学生们早早地来到教室抢占"有利地形"，来得晚的学生把过道、窗户挤得水泄不通。时间到了，一袭长袍的恽先生来了，他用浑厚的男中音简单做了个开场白：同学们，今天我们一起谈一谈"人生观"，人生观，简单地说，就是一个人应该怎样活？应该为了什么而活？应该有一个怎样的人生……

同学们被这新奇有趣的主题所吸引，纷纷站起来说出自己心中的"人生观"。有的说"衣食无忧，便是幸福"；有的说"读好圣贤书"便是大道；有的说"光宗耀祖"才是奋斗的真谛……

恽代英仔细地听着，时不时幽默而睿智地启发着大家的发言。等大家都将心里的话说完，他才扶一扶厚厚的眼镜，将大家的观点一一点评，他没有言辞激烈地批评，没有充满不屑地讥讽，而是鞭辟入里地娓娓道来。他既反对饱食终日，无所用心；也不赞同"两耳不闻窗外事，一心只读圣贤书"的机械学习；更不提倡仅仅梦想着通过个人奋斗，成名成家……

他引导着学生们跳出自己、跳出家庭、跳出学校，先天下之忧而忧，后天下之乐而乐，进而去思考更大的格局：我们的中国，我们的人民……他鼓励青年学生和农民相结合，到农村中从事各项有益于社会改造的事业，他鼓励师范毕业生到农村去办小学，从事进步的文化教育事业。

学生们亲切地称呼恽代英"怪先生"，觉得他不光性格"怪"，教学方法也"怪"，但"怪"得可爱，"怪"得深刻。在恽代英的鼓励和帮助下，宣师积极要求上进的学生们开始阅读《共产党宣言》《新青年》等进步书刊，组织了许多进步小团体，如求我社、觉悟社、爱智社、新群社、互助社等相继成立。在宣师读书的安徽和县与含山县籍的学生组织了和含学会，请恽代英题词，他热情地鼓励这批有志的青年，希望他们有艰苦奋斗、苦干实干的精神，力戒空谈、虚浮，脚踏实地为改造中国努力奋斗。他在题词中写道，和含学会不应为"营谋私利"，而是为了踏踏实实地"讲学做事"。他号召学生与乡土运动结合，少做场面上的事，少做扎空架子的事，多做切实的事；少做与人捣蛋的事，多做改进自己、改进团体的事。他勉励和含学会成为中国乡土运动的一个模范团体。

恽代英在宣师废寝忘食地埋头工作，每天长达 10 小时以上，有时一天撰文竟达 1.5 万余字。由于他过于专心，经常忘记进餐的时间，等他到食堂时，卖饭的师傅早已离去，以致他常常挨饿。后来他和志同道合的新同事巴叔海约定，每次餐前，巴叔海经过他的门前时拿着筷子敲打饭碗做信号，表示开饭时间已到，恽代英听到敲碗声才搁下笔去食堂吃饭。

他的生活十分简朴，行李仅有一条棉被，半垫半盖，寒冷的冬天也是这样，外加一把雨伞，一包换洗的衣服，几乎就是他的所有了。衣物更换，他都是自己洗晒，绝不让人帮忙。他当时的月薪是比较丰厚的，在 100 元以上，还时不时有稿费，但他却坚持省吃俭用，把余钱补助家境贫寒的学生。学校有两个贫苦农民家庭出身的学生，因家乡闹饥荒，无法继续读书。恽代英知道此事后，立即找到这两位学生，热心地对他们说："一个有志青年，要不怕困难和挫折，你们要读下去，要刻苦学习；更要关心国事，为民分忧，将来做国家的栋梁。"他拿出钱资助这两位学生，才使他们没有辍学。

宣师监学唐石亭是个有着顽固思想的反动文人，他听说这事后不怀好意地对恽代英说：

"恽先生是有知识的人，如何竟同乳臭未干的穷学生亲如手足呢？"唐石亭平时盘剥克扣、打骂学生，常为学生所不齿。

恽代英正气凛然地回敬他："为官不为民，不配当官；教师不爱生，不配当先生！亏你还是监学，竟讲这种不像样的话！"

唐石亭气得跳脚，指着恽代英说道："不像话！太不像话了！"

从此，他对恽代英怀恨在心，处处排挤打击。恽代英也绝不退让，与唐石亭的反动教育和恶劣行径进行了坚决的斗争。

有一次，一个学生为生病的同学煎中药误了课，唐石亭却要罚他的站。恽代英气愤地说："监学管教无方，不分青红皂白，理应一同罚站。"唐石亭很狼狈，对他更加忌恨。

1921 年 5 月，中国社会的各种思潮风起云涌，先进的中国人已经觉醒，而皖南大地却依旧笼罩在旧势力的大幕下，恽代英不惧危险，以更高昂的英雄气概投入战斗。

他在纪念五四运动和"五七"国耻日的群众

大会上，慷慨激昂地发表演讲，他以朝鲜亡国的惨痛教训为例子，激发民众振作，投入到救国的运动中去，他愤怒地揭露反动军阀投降卖国的罪行，无情地鞭挞土豪劣绅鱼肉乡民的无耻行径。在他的鼓动和带领下，宣城掀起了反帝爱国热潮，爱国学生和青年纷纷走上街头。宣城的地方反动势力对恽代英的革命活动很恐惧，县商会会长朱洞词和监学唐石亭联名拍电报给安徽省政府，诬指恽代英"组织党羽，煽动学生，图谋不轨，大逆不道"。安徽省军阀张文生接到电报后，立即下令通缉恽代英。

有好心人提前知道了消息，便告诉了恽代英，恽代英思量再三，最终选择离开宣城。行前，许多老师、学生和工友依依不舍地挥泪送别。

恽代英难得有大块的空闲时间，正好可以去深入地了解一下中国的现实。他告别了送行的人们，带着李求实、吴华梓等4个学生，戴着斗笠、打着赤脚，在皖南乡村旅行调查。经过黄山时，恽代英置身祖国的大好河山，不禁为壮美景色所吸引，随即赋诗一首：

久闻人说黄山好，今日欣登始信峰。

列嶂有心争峻秀，古松无语兀龙钟。

置身霄汉星辰近，俯首尘寰烟雾封。

到此方知是云海，下藏幽壑几千重。

通过在皖南的农村调查，恽代英对广大农民的情况更加熟悉了，他认为，有志青年们应该立志到农村去、到田间去，去改变中国农村的面貌。"真正了解农民生活的人，才会同情于农民，这种人说的话做的事，才能打中农民的心坎，才能为农民所信任；能得到群众信任的人，是世界上最幸福的人。"

川南播火人

1921年7月，伟大的中国共产党宣告成立，这是中国历史上开天辟地的大事件，中国革命从此有了领导的核心力量。恽代英听说这一消息后，极为振奋，立即申请加入中国共产党。

1921年年底，他在四川光荣地加入了中国共产党，从此为无产阶级的解放事业，矢志不渝，奋斗终生。与此同时，他志同道合的亲密战友林育南、林育英、李求实、李书渠、廖焕星等人也先后加入了中国共产党，投入了党的怀抱。

恽代英前往四川，是接到四川泸县川南师范学校的邀请后，在1921年10月启程的。泸县是四川永宁道的道府，交通便利，物产丰富，尤以盛产泸州大曲酒而驰名中外，被誉为"川南的明珠"。这里地形险要，扼守川南的咽喉，历来为兵家必争之地，有"铁打的泸州"之称。

五四运动后，泸县成为四川新思想十分活跃的地方。1920年9月，四川军阀杨森提出建设"新川南"的口号，他招揽了一大批进步知识分子到泸县来任教。鉴于恽代英在全国的影响，时任四川川东道尹公署秘书长陈洴便极力推荐恽代英来川南师范学校担任教务主任。陈洴是少年中国学会会员，与恽代英同期来川南师范学校任校长的王德熙，也是少年中国学会会员，几个人志同道合。

恽代英上任后，在王德熙校长的支持下，开始了大刀阔斧的改革。

泸县川南师范学校是1901年由永宁道下属的25个县共同出资创办的，当时，学校的条件较差，校舍简陋，没有体育锻炼场所，缺乏图书资料设备，但让恽代英感到惊喜的是，校内积极进取的氛围很浓，教师中力主革新、通达、谦虚的人居多，比之前的安徽宣城省立第四师范学校整体形势要好。良好的氛围，激起了恽代英高昂的工作热情。

五四运动后，除马克思主义思想外，还有各种新的思想，一并吹进了较为封闭的天府之国。川南师范学校的学生，思想呈现出一派活跃景象，很多受无政府主义等错误思潮的影响很深。恽代英深入学生中，组织展开各种研讨活动，鼓励他们各抒己见。然后，针对学生中存在的一些不正确的思潮，他用摆事实、讲道理的方法，结合自己的思想转变循循善诱，指导学生认识无政府主义等错误思潮的危害性，帮助他们端正学习目的，树立正确的人生观。恽代英还发挥他擅长英文的特点，利用教外文的机会，积极向学生宣传马克思主义的革命理论，并把自己翻译和保存的马克思主义经典著作秘密地在进步师生中传阅。

1922年5月5日，是马克思诞辰104周年纪念日。这一天，在恽代英的精心组织下，川南师范学校成立了马克思主义研究会，组织进步学生学习和宣传马克思主义思想。其间，恽代英撰写了《为少年中国学会同人进一解》的长篇论文。文中阐明了只有依靠人民群众的力量，采用革命的方法，才能推翻旧的经济制度，达到改造社会的目的，以实现社会主义。这篇文章不仅在少年中国学会中产生了积极的作用，在川南师范进步师生中影响也极大。

永宁道署教育科长卢思，思想进步，不仅积极支持恽代英的各种教育改革，自己也在白塔寺创办了一个通俗讲演社，许多富有新思想的进步人士，常轮流登台演讲。恽代英很快成为这个讲演社最活跃的人物，他每逢周三和周末就到这里作演讲。他精辟地分析国内外政治形势，讲解中国人民近代以来，特别是五四运动后反帝反封建的英雄史实。他态度和蔼，知识渊博，口齿伶俐，每个问题都有理有据、分析透彻，具有很强的吸引力。每次轮到他讲演时，听讲的人数总是最多，会场容纳不下，许多听众情愿站在会场外面隔窗倾听。

1921年寒假，恽代英组织了一个"童子军巡回讲演团"，他自任团长，率领6位教员、24个学生下乡巡回演讲，向广大人民群众传播革命思想，同时进行社会调查，锤炼学生们的革命意志。

每天清晨，他背着行李，与师生们一道翻山越岭，一边走一边哼着喜爱的曲子。晚上就借住在老百姓家，盖着一条绒线毯御寒，生活虽十分艰苦，但精神上却十分愉快。1个多月的时间，他们途经隆昌、内江、自流井、富顺、南溪、宜宾、江安、纳溪、合江等县，行程达2000余里，讲演20余场，场场听众爆满，大受当地群众的欢迎。师生们通过与工农群众的直接接触，目睹了中国社会的现状，亲眼看到了工农群众受剥削受压迫的悲惨生活，激发了师生们的深入思考，受益匪浅。广大人民群众通过讲演团的演讲，也提高了革命的觉悟，看到了生活的希望。

当时，四川有一部分进步学生，一直在探索救国良方而不得的苦闷中徘徊。他们什么书都看，巴枯宁的无政府主义、乌托邦空想社会主义、马克思的共产主义学说等对他们都有影响，各种思想在头脑里混搅在一起，一时理不出头绪。其中，有一个叫阳翰笙的学生，听说恽代英在泸县，从四川高县，不辞辛苦辗转来到泸县，向恽代英求教，一时传为美谈。恽代英热情地接待了阳翰笙，用 7 个晚上的时间和他促膝谈心，使他思想豁然开朗，终于在黑暗中认清了光明的方向，使他最终认识到："只有社会主义才能救中国，但是，靠个人力量是不行的，革命青年必须组织起来。"

恽代英在校长的支持下，进行了一系列的改革。学校设立校务委员会，作为学校的最高权力机构。校务委员会吸收教师、学生代表参加，各项事务均由校务委员会决议。学校开展"择师运动"，学生可以自由选择自己喜欢的老师，对于那些不受欢迎、2/3 的人不赞成的老师，一律解聘，这使学校的师生关系大为改善，提高了老师的责任心和学生的进取心。

1922年春，川南师范学校校长王德熙调离，恽代英接任了校长的职位。他进一步加大教育改革的力度，广招思想进步人士。先后从武汉、重庆、成都、上海等地聘请了革命进步青年萧楚女、李求实、穆济波等人来校任教，使学校充满了前所未有的民主空气，学生精神活泼、进步显著，一度成为当时四川省声望很高的名牌学校，许多青年学生踊跃报考，学校规模不断扩大，还在泸县城郊设立了分校。

恽代英在办好川南师范学校的同时，还积极支持泸县开设平民夜校，免费招收贫苦青年学习，普及文化知识。为实现男女平等，提高妇女地位，他还创办了一所女子师范学校，招收冲破封建礼教，从封建家庭束缚下解放出来的进步女青年。

1922年暑假，川南师范学校争取到1000元的上级拨款，恽代英亲自带人赴上海购置图书、仪器。就在这期间，四川政局再次混乱起来，军阀开始又一轮混战。杨森所属的第二军败北，东下湖北宜昌，军阀赖心辉的第一军乘机攻占泸县，任用下属旅长张英为川南道尹。张英和当地反动势力狼狈

为奸，摧残教育事业，将从前划拨的教育经费一概取消，并造谣攻击恽代英"挟财远逃，不会再回"，遂委任"择师运动"时被撤换的教员罗毓华为代理校长。

罗毓华到校后，秉承张英的旨意，进行大清洗，将学校原有建设规划全部推翻，将经过"择师运动"后学生信赖的思想进步、学有专长的教师一律解聘。又以"有损校长威权"之名，撤销校务委员会，废除学生自治权利，使先前沉寂的泸县封建势力和被撤换的教职员重新活跃起来。

种种倒行逆施的行为，激起了全体学生的无比愤怒。同学们与罗毓华针锋相对，开展斗争，他们坚信："我们的恽校长一定会回来！"9月下旬，恽代英在上海办完公务，马上回到学校，同学们含泪相迎。恽代英的返校，不但戳穿了反动派的谎言，更鼓舞了学生们的斗志。

恽代英正确分析了四川政局的剧烈变化，为使学生既得到锻炼又少受损失，他因势利导地耐心说服教育学生：只要保住学校的新制度就好，至于谁任校长并不重要。他坚持每天给学生补习英语，讲授社会发展史。同学们在恽代英的指导下一面学习，一面编辑出版《半周刊》和《课余》两种小报，继续进行学校公有运动的宣传。

反动当局和顽固教师们盗用"川南师范学校全体学生"的名义，发传单、写呈文，诬陷恽代英"恋栈""争薪水""经济不公开"等罪名，请求张英"彻底解决"。道尹公署在10月中旬的一天，谎称要召开教务会议，无理扣押了恽代英，并对川南师范实行经济制裁。消息传来，更激起了全校师生的公愤，他们以罢课来抗议，坚决反对无理扣押恽校长。他们携带食品，前往监狱，探望敬爱的恽校长。他们结队游行，日夜轮流到道署请愿，并发表宣言，谴责张英的反动罪行。他们派了10多名代表，带上铺盖前去监狱陪伴。张英见事态扩大，不得不亲自出马，宣布撤销罗毓华的校长职务，由自己兼任，但迫害进步学生的脚步却没有停下，他开除参与罢课的100多名学生，而且声明省内各校不许接收这些学生。这下泸县城镇各级学校，更是结成了统一战线，声援川南师范学校的正义斗争。四川各地学校，也纷纷响应，掀起了空前未有的全省大学潮。

张英迫于各方压力，不得不请川南师范学校化学教师吴子俊代理校长，出面斡旋。在成都高等师范学校校长吴玉章和吴子俊的调停下，11月8日，恽代英被保释出狱，学生们请求他继续主持校务，他不愿学生们因自己荒废学业，决意离开泸县，辞去校长一职，并推荐了开明的卢思任校长，并与学生一起向张英提出了条件。最终，张英答应了他们的全部条件，重新接收罢课学生，取得了较好的结果。

思想先锋:
矢志传播信仰

青年引路人

　　1923年6月，恽代英接到邓中夏的来信，希望他到上海大学任职。恽代英欣然接受，并立即踏上了东去的轮船。恽代英来到上海大学，任教于社会学系，这里成为他传播新思想新文化的新阵地。8月，中国社会主义青年团第二次全国代表大会在南京召开，恽代英出席了会议，被增补为团中央执行委员会委员，并任团中央宣传部部长，负责编辑出版团中央机关刊物。10月，在恽代英和邓中夏的精心筹划下，由恽代英担任主编的团中央机关刊物《中国青年》在上海创刊，这是我国最早以马克思主义教育青年的刊物之一。

《中国青年》一开始是周刊，因帝国主义和反动派的迫害和摧残，后来只能不定期出版。尽管反动军阀勾结帝国主义，一再通令禁止邮局寄送《中国青年》，查禁刊物和封闭印刷厂，但它仍以不同的渠道，源源不断地输送到全国各地，送到广大青年的手中，并受到热烈欢迎，发行量一再扩大，从最初的几千份上升到5万多份。

恽代英在极其艰苦、秘密的条件下从事编辑出版工作，一间狭窄的小房子，两个书架上摆满了参考书，他在小小的房间里开会、看书、写文章、编辑、睡觉，而就是这样的房间也经常不能保障，为了避开敌人的破坏，常常要搬家。

恽代英除了精心编辑好刊物外，还以代英、但一、FM等笔名发表了200多篇文章，受到广大青年的衷心爱戴和崇敬，称赞他是青年们的良师益友。他在文章中，用犀利的文字和生动的事实，无情地揭露帝国主义、封建主义的反动行径，大力传播马克思主义，宣传爱国主义思想，使青年读来倍感亲切。

恽代英认为，只有真正了解中国青年，才能更好地编好《中国青年》，才能更好地造就青年中国。他热爱青年事业，抓住一切机会走近青年、了解青年、帮助青年。

恽代英擅长演讲，他在上海大学教授国际问题和国内政治，从一开始，他就向青年学生们明确表明了作为一个共产党人的立场。他说，我们赞成三民主义，但它不是我们革命的最终目标，要实现民生主义，就要实现中山先生提出的"耕者有其田"，直到人人有饭吃、有衣穿、有房子住。这样就肯定要触动地主阶级的利益，甚至触动一些民族资产阶级的利益……但革命必须进行到底。恽代英讲的课深入浅出，深受全校同学的喜爱，课堂上总是挤得满满的。

大热天里讲课，恽代英经常一讲就是三四个小时，滔滔不绝，大汗淋漓，一向生活俭朴的他，就用袖子在额头上一擦，又继续往下讲。有位学生买了块手绢送给他擦汗，他不好意思地把袖子一扬，笑着说："我不需要手绢，有这个用就够了。"

1924 年春天，恽代英来到位于南京市鼓楼的一所华侨学校——国立暨南学堂采访，华侨青年郭儒灏、韩汉光、蒙岛南等人接待了他，他亲切地与这些爱国侨生聊起来。

恽代英问："你们不远万里，从南洋回到祖国，生活上习惯吗？吃得好不好？"

不料，几位学生不约而同地回答："很不好！饭菜吃不惯，钱却花得比其他学校多。"

恽代英打破砂锅问到底，详细地记下他们的反应，思考着原因。

恽代英又问："你们现在上些什么课？符合你们的需要吗？"

学生们意见更大了，纷纷诉起苦来："学生们对课程没有任何发言权，我们华侨生的英文都不错，却还要拿出大量的时间学英文；我们想学习祖国情势的课，却偏偏没有，连国文都不重视……"

恽代英帮他们分析起来："你们万里迢迢回到祖国，渴望了解祖国，感受祖国的温暖，企盼祖国的强大，但到了这里，却没有得到满足，症结在于学校的制度，校长就像'皇帝'一样，考虑的是如何驯服'臣民'，而非团结帮助求知若渴、渴望报效祖国的华侨学生！"

"您说得太对了！"他的一席话，让几位华侨学生有如醍醐灌顶。

"你们遇到的现象可不是特殊的，其实在咱们中国大地上，都有各种各样的这类现象存在……"

"那怎么办？"几位侨生思考起来。

"民主革命！"恽代英循循善诱，"要真正报效祖国，使国家富强，就必须进行彻底的民主革命，要团结起来反抗一切反动势力，才能有真正美好的未来。"

《中国青年》创办的第一年，恽代英对农民问题作了大量宣传，发表过《四川合江农民的情况》《皖南农民生活介绍》《陕西渭南农民大胜利》等多篇农民运动方面的文章。他鼓励青年要到民间去，了解农民疾苦，团结农民，组织开展农民运动。

1924 年年底，恽代英听说在上海的毛泽东就要回湖南老家养病，他立即决定去见见这位老朋友，向党内的这位农民问题专家好好请教请教。

毛泽东年初来到上海，国共合作的大背景下，他在国共两党内身兼数职。恽代英来到毛泽东的寓所，见到了毛泽东的妻子杨开慧，还有他的岳母和两个儿子毛岸英、毛岸青，这是毛泽东一生中，难得的与家人团聚、共享天伦的温馨岁月。

恽代英兴奋地与老朋友畅谈起来："润之兄，你这次回老家，首先要好好养病。"

"我可闲不住，我还有其他计划哦！"毛泽东摇摇头。

"让我猜猜！对你来说，这又是一个很难得的机会，可以去和乡亲们天天相处，去了解农民，向农民作调查。我倒觉得这个工作比在执行部的工作还要重要。"

毛泽东操着浓重的湘音笑道："还是你了解我！到农民中去，做农民工作，就直接碰到了一个根本问题：中国革命的力量问题。"

恽代英认真地听着，边思考边回应着："要是农民都能觉醒起来，组织起来，行动起来，天下一定会变个样。"

"英雄所见略同！我看也是这样，农民只要组织起来，就无敌于天下。我这次回到韶山，就是想办法做做这一方面的工作。下次我们再见面的时候，一定会向你交一个详细的调查报告！"毛泽东继续说着。

　　恽代英笑了："你可一定要把这报告发表在《中国青年》上啊。"

　　毛泽东爽朗地答应着："我真怕我的报告上不了你的大刊呢！"

　　恽代英忙不迭地摆着手："哪有哦！我这儿可缺反映农民现实情况的好稿子呢。"

　　毛泽东认真地说道："《中国青年》影响了一大批青年人。凡是稍微有些进步思想的，没有不知道你恽代英的，没有不受你影响的……"

　　恽代英笑起来："那就一言为定。借你的文章去影响更多的青年人。"

　　两位青年革命家的清脆笑声回荡在房间里。

五卅"弄潮儿"

1925 年，中国大地上响彻着"打倒帝国主义"的怒吼，中国共产党领导的以工人阶级为主力军的反帝爱国运动，就在这蓬勃发展的革命大潮下爆发了。从一开始，恽代英就投身到这场伟大的运动中。

一天大清早，恽代英和往常一样，步行来到环龙路上他的办公室。他翻开刚送来的报纸，不禁双目圆睁，愤怒地对身旁的同事们说："你们看到今天的报纸了吗？日本人把我们的工人顾正红打死了！"

原来，日本利用不平等条约，在上海开设了30 多家纺织厂，其中的"内外棉株式会社"下属的 11 家工厂资本最雄厚，剥削也最重。工人个个被折磨得面黄肌瘦，活像个"芦柴棍"，还常挨大班和工头的无理打骂。工人们积蓄在胸中的怒火，随时都会喷发出来。2月，内外棉八厂就曾因为日本领班毒打一个女童工而爆发了全厂工人罢工。为了避免更大的经济损失，日本资本家接受了工人复工的条件。但他们只是暂时让步，紧接着拒不执行达成的协议，并想出了恶毒的花招：取缔工会，大批开除工会积极分子，勾结巡捕房逮捕工人代表。

敌人的镇压继续升级。5月15日，日本资本家借故关闭工厂，停发工资，工人们掀起了大规模的抗议，并冲进了工厂，日商立即残暴镇压。日本大班带着一帮打手，当场枪杀了领头的该厂工人、共产党员顾正红。此外，受伤的有10多人，被捕3人。

恽代英开始在脑海里搜索。他忽地想起来，去年冬天，他曾好几次去过"沪西工友俱乐部"讲课，曾有一位年轻的工友举手问他："什么是不平等条约？""什么是真正的平等？""怎样才能实现真正的平等？"他就是顾正红。一双坚毅有神的眼睛，脸上充满了正气。谁能想到仅仅几个月之后，他竟悲惨地死在帝国主义的枪口之下！

顾正红事件发生后，激起了中国人民的愤怒，一场新的反帝爱国风暴从浦江两岸掀起，迅猛席卷神州大地。恽代英马上组织上海学生联合会，商定发起反帝宣传和募捐活动，以救济罢工工人。在追悼顾正红烈士大会上，恽代英发表了激愤的演说，鼓励群众团结一致，坚持罢工斗争，为烈士雪耻报仇。参加大会的工人、学生和市民一万多人在他的鼓舞下振臂高呼"打倒帝国主义！""誓为顾正红报仇！"等口号。会后，群众举行了游行示威，再次遭到了反动派镇压，又有一些学生被捕。

恽代英根据党中央指示，积极发动社会各界群众参加斗争。他在同德医专召集上海大学、文治大学、大夏大学等上海各大学学生代表开会，讨论和通过了3条决议：一、印发传单和宣言，报道罢工的真实情况；二、募款援助罢工工人；三、设法营救被捕学生。在爱国学生的推动下，上海出现了以打倒帝国主义为目标的宣传热潮。当时，帝国主义租界工部局提出"取缔印刷附律""增加码头捐""交易所注册"3项提案，直接侵犯了商界的利益，于是民族资产阶级也起来反对帝国主义，上海初步形成了工、商、学联合的反对帝国主义的统一战线。

5月30日，在恽代英等共产党人的指挥下，各校学生和部分工人3000余人，分成许多小分队挺进上海租界区。他们不顾巡捕的阻拦、干涉和拘捕，在南京路等主要街道上散发传单，张贴标语、漫画，开展演讲，示威人群高喊着"打倒帝国主义""上海是中国人的上海""废除不平等条约"等爱国口号，投入到轰轰烈烈的反帝爱国运动中。丧心病狂的帝国主义巡捕竟向赤手空拳的学生、工人开枪，当场将上海大学学生何秉彝、同济大学学生尹景伊等13人打死，制造了震惊中外的五卅惨案。

帝国主义的暴行，更加激起了上海各界人民的义愤。当晚，陈独秀、蔡和森、李立三、恽代英等中共中央领导人举行紧急会议，决定由上海总工会、全国学总、上海学联和各马路商界总联合会共同组织上海工商学联合会，作为负责爱国运动的公开机构，迅速发动全市人民开展罢工、罢课、罢市的"三罢"斗争。中共中央全力以赴，领导了这场伟大斗争，恽代英领导上海学联和全国学总党团，负责青年学生的发动。

第二天，一万多名工人学生在上海总商会门前召开市民大会。恽代英和向警予、施复亮等党、团领导人出席了大会。不久，上海学生两万多人在南市举行空前浩大的游行示威，愤怒抗议帝国主义的大屠杀。上海各界人民30余万人在南市公共体育场举行市民大会，号召坚持上海工商学联合会提出的17条交涉条件，不达目的誓不罢休。这些日子里，上海沸腾起来，群众集会接二连三地举行，恽代英几乎每会必到，现场指导。为了把五卅运动推向全国，恽代英废寝忘食地工作。五卅惨案一发生，他立即以国民党执行党部名义发电全国各地党部和群众团体，要求各地迅速行动起来，声援上海爱国运动。运动高潮期间，他又到丹阳、镇江、扬州、南京等城市，进行宣传鼓动工作。他以笔作武器，在《中国青年》和《民族日报》等报刊上撰文揭露帝国主义和反动派扼杀爱国运动的无耻伎俩，号召民众投入到反帝爱国运动的洪流中去。6月底，全国学生第七届代表大会在上海召开，大会设立了秘密党团组织，领导全国学联，恽代英担任党团书记，他在会上作了《五卅后的政治形势》报告，引导大家认识五卅运动的重要意义。他讲求实际、埋头苦干、艰苦奋斗的革命精神，使青年们深受感动，大家尊敬地称他为"当代墨子"。

面对风起云涌的爱国热潮，反动势力极为紧张。帝国主义和各路军阀紧急勾结，使上海的斗争形势发生了巨大变化。奉系军阀派兵进入上海，宣布戒严，禁止游行示威和罢工，并占据了工会机关。大资产阶级在帝国主义的经济制裁和军阀的武力威胁下，立场发生动摇，商界宣布单独复市，只剩下学生和工人在坚持斗争。为保存力量，爱国运动逐渐陷入低潮。

识破"蒋校长好意"

1926 年 5 月的一天，一艘小火轮离开广州天字码头，沿着珠江顺流而下。大约一个小时后，恽代英下船登上了长洲岛码头，大步流星地向前走去。不远处就是国民党中央军事政治学校，也就是闻名中外的黄埔军校。此时，恽代英的职务是黄埔军校政治主任教官。

对恽代英来讲，这是一个全新的工作。多年来，他从事的主要是宣传教育方面的工作。在黄埔军校，他要脱掉长衫，换上军装，从事训练军事干部的工作，训练一支由党领导的为人民服务的"铁的党军"。随之而来的，他的生活方式也要改变了。他要过一个革命军人的生活，必须有严格的军容风纪、严格的作息制度、严格的行动纪律，不能再像过去那样随意、散漫了。这使他想起少年时代母亲对他的教诲：生活上要"自律"。他做好了过更加艰苦、紧张日子的思想准备。

恽代英到任后，和熊雄、萧楚女等人一起，在军校成立了党的领导组织——中共特别委员会（即中共党团），恽代英任书记。他领导共产党员、青年团员，大力团结国民党左派和进步学员，这让国民党右派对他恨之入骨，多次企图加害他。恽代英临危不惧，沉着冷静地与反动派进行着有理有节的斗争。

黄埔军校校长是蒋介石，他身兼粤军总司令部参谋长等多个要职。每次外出，前面总有个副官引路，后面有 4 个穿着整齐军服、身背步枪的卫士跟着。蒋介石本人十分讲究仪表，戎装佩剑，披一件拿破仑式的斗篷，一副大将军将要出征时威风凛凛的模样。那时蒋介石还兼任长洲要塞司令，他让人在要塞炮台上竖起一面红旗，上面大书一个"蒋"字，他希望在这块地方为自己树立起统帅形象。

　　蒋介石看到恽代英是个难得的人才，在学生中又有崇高威信，便一直想拉拢恽代英。一天在军官食堂，恽代英正好碰上蒋介石。蒋介石面露微笑，很亲切地问道："恽先生，此次南下，还吃得惯吧？伙食怎么样？有什么需要的，尽管跟蒋某人讲。"

　　第二天中午操课后，恽代英回到自己的宿舍，发现远远地有个人站在他的门外，手里还提着个盒子。等他走近了才认出，这人正是蒋介石的副官王世和，见恽代英走来，王世和赶紧笑容满面地迎上前来："恽先生辛苦！"

恽代英不知道他葫芦里卖的什么药，边开门边问道："王副官，有事吗？"

王世和一边跟进房间，一边笑着解释："恽先生工作辛苦，校长让我送来几碟菜肴，让恽先生尝尝鲜。"边说边打开了盒子。

恽代英一看，几碟精致的菜肴和点心整齐地放在盒子里，他赶忙说："谢谢校长好意，代英为革命尽责，是分内事。这些东西我不能收。"

几番推辞下来，王世和见恽代英态度很坚决，便瞅准机会，将盒子放下，一溜烟跑掉了。恽代英一看，也没办法，到了晚上，便叫来几个学员一起享用了。

之后的日子里，蒋介石又让王世和不断地给恽代英送些罐头、巧克力、点心之类的东西。原来，蒋介石用餐历来十分讲究，为了表示对恽代英的关怀，他每天吃什么，或者收到什么精致美味的食物，总是给恽代英也准备一份，让他的副官专门给恽代英送去。恽代英知道蒋介石的"好意"，起先几次拒绝接受，但又不好得罪了蒋介石。他想，同志们经常加班"开夜车"，饥肠辘辘，不如收下来分发给大家享用。

后来，他在广东省委学委会开会时跟同志们谈起这件事，大家听了，都觉得这是个好办法。那时，大家的生活都很清苦，没有什么钱买东西。大家七嘴八舌地对他说："嘿！你要不吃，就把它拿来，我们吃！""吃人家的，咱嘴不短，不就行了。"

一天上午，蒋介石派他的副官王世和给恽代英送帖子，要摆酒宴请恽代英吃饭。蒋介石还在帖子的右下角用小楷亲笔注明："系私宴，无他人。"

恽代英拿到帖子时，萧楚女碰巧也在屋。王世和知道萧楚女的火暴脾气，把帖子交给恽代英后，自己就慌慌张张地告辞了。恽代英拿着帖子在屋里一边踱步一边思量：去还是不去呢？去，蒋介石不好对付，自己脾气如果控制不住，弄不好要撕破脸，对革命统一战线不利；不去，直接使矛盾激化，也不妥。萧楚女目光随着恽代英的脚步移来游去，也替恽代英着急。眼看时间一分一秒过去了，恽代英仍在思索。

恽代英来回踱了几趟之后，两手一砸，说道："去，赴宴去。"他看了萧楚女一眼，接着说："你也去，一起去。"

到了下午约定的时间，恽代英和萧楚女坐上蒋介石派来的小汽车，往蒋介石在长洲要塞的小别墅驶去。

恽代英钻出车门，发现蒋介石正站在门口的台阶上。蒋介石一见恽代英下车，忙爽朗地一笑，大声说道："能把恽先生请到，真是中正的荣幸。"

恽代英这时大声地说："校长，不好意思。代英这次赴宴还带了一个朋友来，还请多多见谅。"

蒋介石忙掩饰一笑说道："噢，敢情车里还有一位，失罪失罪。哪位光临鄙宅，多有失礼。"

"校长，是我！"一个洪亮的声音从车里传了出来，随之一只脚着了地，然后头便露了出来。听声音就知道是萧楚女，这位可是蒋校长平日里头疼的人物。萧楚女自组建黄埔军校起，便在这里工作，认认真真地宣传马列主义，早被蒋介石视为眼中钉，多次想找理由把他赶走，可惜一直未能得逞。

"不速之客，不请自来，校长莫怪。"萧楚女装模作样地向蒋介石道歉，看着蒋介石脸上似笑非笑的表情，他心里暗暗地笑开了：这恽老夫子，点子真多。

晚宴在蒋家客厅举行。电灯把偌大的客厅照得雪亮。菜很丰盛，在桌子中间还有两瓶白兰地，一种法国名酒。

蒋介石招呼恽代英两人坐下，把酒杯放妥后，打开了留声机，墙角的两只喇叭马上传出了悠扬的乐曲声。

蒋介石举起了酒杯，说道："北伐在即，诸事还得多仰仗恽先生。恽先生才高八斗，学富五车，中正早年拜读过你的文章，佩服得很。这酒是一个朋友从欧洲带回来的，一直没舍得喝。来，敬君这杯酒。"

"噢，白兰地。好酒啊，我这个穷书生可是很少喝到！"恽代英故作惊奇地呷了一口酒。酒确实不错，醇香爽口。萧楚女却不管这些，他按事先跟恽代英商量好的那样，只管喝酒吃菜，诸事不问。

几杯酒后，蒋介石从口袋里掏出一块大手

帕，打开后，捂在脸上擦着嘴，而后客客气气地请恽代英自酌。

"你我虽共事时间不长。但恽先生应了解中正的性情。凡是和我共过事，在一起训练过军队、打过仗的共产党人，我都以知己看待。这一点萧教官是相当清楚的。"

"嗯？嗯！"萧楚女虽心有不忿，却也只管点头。恽代英侧耳倾听，虽然微笑着，却突然问道："那我想请问校长，中山舰长李之龙这个共产党人，被罢免、囚禁……"

蒋介石一听，脸色猛然变了，抬头一看恽代英，只见他的目光正冷峻地直视着自己，便做出一脸难言状："将来历史会证明一切的，李之龙这件事太离奇了，有许多说不出的痛苦，我无法向二位言明，这其中的许多事迫不得已，只有我个人知道。"停了一下，又说："不谈这些，不谈这些。此次北伐，责任重大，实现总理遗志在于此举。还望恽先生能去前线多多帮忙。"

"校长，前线和后方都很重要！我想，留在黄埔也一样干革命。"恽代英答道。

"恽先生，这样吧，我把战地财务委员会主任之职留给你怎样？毕竟前方更缺人嘛！"蒋介石一副真诚的模样。战地财务委员会这样的肥缺，一向是由国民党右派把持，蒋介石抛出这个职务，无疑是在拉拢恽代英了。恽代英明白蒋介石的"好意"，一时不知道怎么回答。

在一旁的萧楚女觉察到恽代英的拒绝之意，便打趣地说："校长，您看我怎么样？我跟您上前线北伐去。"

"这……"蒋介石一时语塞。

不等蒋介石再开口，恽代英说道："校长，我恽某人是共产党员，一切只能由中央裁定。"以此拒绝了蒋介石的拉拢。

对此，蒋介石有些不满地说："共产党难成气候，识时务者为俊杰……"

蒋介石正准备说下去，却见恽代英和萧楚女神色不妙，都在盯着自己，自知失言，忙拿起酒杯，对二人说："吃饭不谈国事。来，喝酒。"

一场宴席，就这样结束了。回到恽代英的宿舍，萧楚女不由得拍了恽代英肩膀一下，说："真有你的，给他来个装疯卖傻，这老蒋还真琢磨不透呢！"

"老蒋，我们现在不能得罪，更不能靠过去。和他们这一帮国民党人打交道，我们要多加小心！"

说完，两位好友会意地笑了。

这年年底，随着北伐战争的顺利进行，国民政府暨国民党中央党部从广州迁往武汉，恽代英也告别了黄埔军校，奉令北上武汉任职。

革命伴侣悄然携手

1927 年新春伊始，根据党的指示，恽代英绕道上海，乘船回到武汉——这里是他的出生地，如今已成为革命势力新的中心。这年 4 月，中央军事政治学校武汉分校改为国民党中央军事政治学校（以下简称武汉中央军校）。恽代英作为军校 3 名常务委员之一，实际主持军校的工作。当时，学员达 3700 余人，共产党人在学员队中建立了秘密组织，努力将学员团结在自己的周围。

回到武汉，恽代英迎来了自己的大喜事，他结束了近 10 年的单身生活，和他的妻妹沈葆英走在一起。他们的结合不仅是岳父沈云驹先生的遗愿，更是为共产主义事业奋斗终生的共同理想将他们紧紧联系在一起。

沈葆英从小就十分敬爱二姐夫，并深受其思想影响，自五四运动开始，年仅 14 岁的沈葆英就在他的教育下，积极参加革命活动，走上革命道路，逐渐成长起来。1924 年，她加入社会主义青年团，第二年转入中国共产党。当沈葆英将这个喜讯写信告诉恽代英时，恽代英非常高兴，立即回信鼓励她要为无产阶级解放事业奋斗到底，他们虽然分处两地，但一直保持书信来往。"鸿雁"在他们心中播下了爱情的种子，为共产主义奋斗的理想，使爱情种子萌芽。

1927 年 1 月 16 日，恽代英和沈葆英分别请了一天的假，在武昌得胜桥恽宅，举行了简单朴素的婚礼。婚礼十分简单，只有家人、亲戚数人在场，而且恽代英依旧是军装、马靴的打扮。从此，他们并肩战斗，成为矢志不渝的革命战友。第二天一早，恽代英又回到了中央军事政治学校继续上班。

可这事终究还是被师生们"关注"起来了。早在恽代英请假的当天，武汉中央军事学校早操的铃声刚刚响过，几个学员便凑到一起了。一个学员用新闻发布者的语气宣布道：

"大伙知道不，恽委员，我们的圣人，'天生石猴'，今儿一大早请假了！"

"什么，消息是真的吗？"

"当然！还能有假？"

"嘻嘻，恽委员也会请假？"

恽委员就是恽代英，同事们戏称他为"天生石猴"。因为保密的需要，和他共事的同事，都不了解恽代英家中的情况，大伙便根据《西游记》中孙悟空的由来，送了恽代英这个外号。

发布"新闻"的学员开始用文学语言来描述当天早晨他的所见所闻："早晨 8 点左右，是我站的岗，恽委员换了一身新军装，注意，是一身新军装！"说话的学员故意强调一下"新"字，大伙哈哈大笑。因为恽代英平日里总是穿一件旧军装，很少换新衣服。

"并且灰布绑腿打得相当整齐。当他路过大门时，他告诉我：今天上午8点到晚上10点我有事，如有人找我，安排他们明天来。"这个学员模仿恽代英的语调惟妙惟肖，又惹来一阵大笑。

学员们正说着，忽然看到过来一个人。大伙一看，正是恽代英的好友沈雁冰先生（即茅盾），忙又围了过去，"沈先生，恽委员请假了，什么事？""什么事，沈先生？"

"代英请假，是去看他老父吧？"沈雁冰心里也觉得惊讶，用猜测的口气说道。

一位学员接过话如侦探破案般慢慢说道："我看不会，恽委员每周必看一次父亲，看父亲必在周末，时间只是1小时，已成惯例，谁不知道？我看此事必有蹊跷！"

听学员这么说，沈雁冰先生不禁一笑。确实，恽代英每逢周日下午必定回家探望老父亲，而且从来都是只用1小时。这是因为中央军事政治学校组建时间不长，革命形势又这么复杂，恽代英不得不把全身心投入学校工作中。

沈雁冰想了一会儿，也没想明白恽代英请假究竟为什么事，只得对同学说："明天恽代英回来，我帮你们问一问。"

第二天一大早，恽代英出现在办公室里。这天恽代英除去开会，要么是在室内写呀、画呀，要么是在接电话，片刻也没有休息。晚上，恽代英又和同志们讨论问题，直到深夜。

临睡前，沈雁冰终于找着一个空子，装作若无其事的样子问了一句："代英，昨天到哪去了？"

"还不是在武昌呀，不过家里有点小事。"恽代英淡淡地答道。

"什么事？"

"没什么，一点私事而已。"

沈雁冰也没问出什么来。想再继续追问时，恽代英已打起了呼噜。

第二天，学员们问沈雁冰先生结果时，这位善于文学创作的沈先生只好含糊其词地说道："恽委员的个人私事，个人私事，你们不要问了。"

天下没有不透风的墙。过不了两天，人们终于知道这"个人私事"到底是怎么一回事了。说来也巧，这消息是从教育厅的刘委员那边传过来的，而刘委员又是从一位小学校长那儿听说的，校长则是他手下的一个女教员告诉他的。原来恽代英那天请假为的是结婚！新夫人沈葆英就在那所小学当教员，为了结婚，新夫人葆英和恽代英各请假一天。

消息传出之后，恽代英的几个好友就不干了，沈雁冰、《汉口民国日报》的主编高语罕、徐忠祥、孙明哲等几个人凑到了沈雁冰的家里，商量着要去找恽代英"算账"。

沈雁冰微笑着说："得让他领我们去见见嫂夫人，看一看这'石猴'偷偷地娶了个什么样的人。"

几个人在沈雁冰的家里商量好了，就兴冲冲地往恽代英的办公室走去。

恽代英正在办公室里写东西。沈雁冰他们也没敲门，一下子就闯了进来，把恽代英吓了一大跳。

"什么事？冒冒失失的。"恽代英放下手中的笔看着面前这一群好朋友说道。

"老实交代，前几天你请假的真正目的是什么。"孙明哲故作一脸严肃的样子问恽代英，同时，还把"真正"两字咬得特别重。

"没什么目的呀。"恽代英仍旧笑着回答说。

"还不说，我们已经调查清楚了。"高语罕笑嘻嘻地说道。

"不过是回家结婚罢了。"恽代英轻描淡写地说。

"你这老夫子、石猴子，还想瞒着我。"沈雁冰一下子叫了出来。众人见恽代英那副模样，不由得也跟着大笑起来。恽代英好像做错什么似的，也笑了笑。

"我们要见见新嫂子。"徐忠祥大声地说道。

"对，对，我们要见新嫂子。"

谁知恽代英并不拒绝，可是，很滑稽地拉长声音说道："她只在星期日有空。"

"那么，后天吧，后天是周末。"孙明哲马上确定下时间，好像一旦不确定下来，恽代英就会反悔一样。

"哦？后天是周末吗？"恽代英笑了笑，随之内疚地说道，"可我没办法奉陪你们啊。"

　　看见朋友们脸上都有惊愕之色，恽代英带着俏皮的笑容说："反正她又不是囚犯，也还不曾生着什么传染病。我管不了她的。"朋友们忍不住又笑出声来。

起义烽火：
开展武装斗争

击退夏斗寅叛军

1927年4月12日，蒋介石撕下了伪装的面具，在上海发动了震惊中外的反革命政变，大肆屠杀共产党人和革命群众，革命形势急转直下。

1927年5月的一个清晨，武汉中央军校的起床号还没有吹响，恽代英已经习惯性地披上单衣在住所前的砖石小路上散步了。天空一片灰白，没有一丝风，空气显得很沉闷，路旁草叶上的露水沾湿人的裤脚和布鞋，恽代英有一种不祥的预感：似乎有事要发生。

连日来发生的事太多。蒋介石这个政治野心家已经逐渐羽翼丰满，从上一年的"中山舰事件"大肆排挤共产党人开始，他的独裁野心已昭然若揭；一个月前上海的四一二反革命政变更让人感到切肤之痛，成千上万的共产党人和革命群众惨死在蒋介石的屠刀下。蒋介石彻底叛变革命了，那么，武汉这块革命根据地也就成了他的眼中钉、肉中刺，他会让武汉安稳下去吗？

西南方向飞来的一群乌鸦打断了恽代英的沉思。就在这时，身后传来一阵上气不接下气的报告："恽委员，大事不好，宜昌的夏斗寅勾结四川军阀杨森造反了，已经打到了 40 里外的纸坊，纸坊守军告急。"

"啊！"恽代英不由得惊叫了一声，他立即想到：夏斗寅手下的独立第 14 师，是摆在武汉西南宜昌方向，防止四川军阀杨森进攻的一着棋，如今却反受其害。武汉的部队正在河南的北伐前线，城中只有 2000 多人的卫戍部队，敌我力量悬殊，武汉危在旦夕！

情况紧急，恽代英冲传令兵大喊一声："命令全校学员紧急集合，原地待命。我先去政府一趟，马上就回。"

政府议事厅里乱哄哄的，委员们正在谈论这场"突然的叛乱"。一些人说："如今叛军压境，武汉城内又兵少将寡，我们好汉不吃眼前亏，三十六计走为上计！"还有些人说："谈判才是上策，夏斗寅叛变无非是为了升官发财，我们干脆就答应他的条件，来个缓兵之计，以解燃眉之急。"

这时"砰"的一声，门被推开，快步走进一位眉头紧锁、神态严峻、戴着近视眼镜的男子，一股冷风被他带进厅内，室内一下子静了下来，他不是别人，正是恽代英。

恽代英威严的目光直逼坐在显要位置的汪精卫："夏斗寅打到纸坊，武汉危在旦夕，我们怎么办？"

汪精卫在恽代英的目光逼视下很不安，用他那惯常的腔调说："代英老弟，想必已经胸有成竹，何不说来让诸位听听呢？"

恽代英看不惯汪精卫那种此时此刻还保持得很好的绅士派头，转身面向各位委员说："同志们，

武汉是革命的根据地，是我们取得全国胜利、打倒蒋介石的司令部，只要我们还有一个人在，革命的旗帜就不能倒，因为武汉一旦丢失，北伐就失去了后方，革命就失去了依托，只要我恽代英还有一口气，就决不让夏斗寅踏入武汉半步！"

汪精卫不甘寂寞，开始插话了："恽代英老弟，慷慨陈词，我等佩服，可眼下敌我力量悬殊，城中守备空虚，你是知道的，除了弃城和谈判，我们能有什么办法呢？"

"同志们！"恽代英并不正眼瞧汪精卫一眼，加大音量的一声断喝打断了汪精卫，恽代英的眉宇间出现了怒色，"夏斗寅敢进攻武汉，他哪来那么大的胆？那是因为后面有蒋介石给他撑腰，有蒋介石许诺给他的高官厚禄呀。蒋介石收买夏斗寅进攻武汉那是处心积虑！我们要和夏斗寅和谈，不是与虎谋皮吗？"恽代英瞥了一眼汪精卫。

"说什么敌我悬殊。夏斗寅不就是有两万人马吗？这算得了什么？我们武汉上个月的反蒋示威游行有 150 万群众参加，有 150 万革命群众的支持，我们还制不伏区区夏斗寅？何况武汉城内还有

2000多卫戍部队，中央军校1000名学员正整装待命，随时准备出发打击敌人。所以，眼前我们要做的是——"

这时，恽代英停顿了一下，厅内静得连一根针落地的声音都听得见，在座的全注视着恽代英。

"第一，迅速派卫戍部队增援纸坊守军，坚决抗住夏斗寅叛军的进攻，不得后退半步；第二，火速召回北伐前线的叶挺将军回武汉平叛，我军必能士气大振，以一当十；第三，我恽代英迅速组织中央军校学员和其他群众武装开赴前线配合主力作战。"恽代英逐一盯住每个人的眼睛，他的右手捏紧了拳头，"同志们，只要我们武汉军民团结一致，浴血奋战，就一定能让夏斗寅有来无回。我恽代英虽然原本只是一介书生，但当此生死存亡之关头，也要持枪上阵，纵然粉身碎骨，也在所不惜！"

恽代英掷地有声的话语和他那慷慨激昂的神情感染了每一位委员。

"恽代英说得对，只要我们团结一致，就一定能打垮夏斗寅，保住武汉。"

"咱们谁也不要走，誓与武汉共存亡！"

在中央军校的操场上，1000余名学员列队整装，荷枪实弹。别看他们还略带稚气，可他们都是立志为革命献身的热血青年，此时此刻，他们正焦急地等着敬爱的恽委员来发布上战场的号令。

恽代英迈着坚定的步伐来到了队伍的前面，他的眼中闪烁着跳动的火花。这是一双学员们熟悉的眼睛，正是在这目光的注视下，学员们明确了革命的真理，坚定了革命必胜的信念，经受住了革命困难时期的考验。

"同学们，我们进入军校学习，就是为了有一天献身革命，现在，危急的时刻到了，夏斗寅投降反动派蒋介石，勾结四川军阀杨森，阴谋夺取武汉，我们应该怎么办？"

"活捉夏斗寅，打倒反革命，保卫武汉！"同学们以响亮的口号声回答了恽代英，这口号声回荡在操场上，回荡在军校中，回荡在武汉的上空。

恽代英激动地流出了热泪，多好的青年，多么坚强的革命者啊！只要有他们在，革命就一定会成功。恽代英凝视着群情激昂的学员，庄严地行了个军礼。

革命的力量团结起来了，夏斗寅也就不过是只纸老虎。恽代英兼任党代表，带领由武汉中央军校和中央农民运动讲习所的学员整编成的中央独立师，开赴前线，增援部队和学员军死死守住了纸坊，夏斗寅3次更换先锋也不能奏效。傍晚，叶挺率卫戍部队及时赶到，在恽代英率领的学员军和群众武装的密切配合下，开始反攻，夏斗寅乱了阵脚，紧接着开始败退，叶挺率部乘胜追击，恽代英指挥所部沿途伏击，打得夏斗寅最终仓皇逃窜。

一场危机终于过去。

又是一个清晨，恽代英习惯地在那条砖石小道上散步，旁边多了个人，正是叶挺。叶挺拍了拍恽代英的肩膀笑着说："要是没有你恽代英，我叶某就不能在这武汉城内安安稳稳地散步了！"

恽代英也笑了："我也是因为喜欢在这里散步，才不愿夏斗寅破坏了我的生活习惯啊！"

"黑夜"中坚守

1927 年，中国革命走向危急关头，先是四一二反革命政变，接着武汉汪精卫集团也蠢蠢欲动。7 月 15 日，汪精卫反动集团撕下了"左派"的面纱，露出了狰狞的面目，公开宣布"分共"，对共产党人和革命人民实行残酷的屠杀政策，武汉沉浸在一片白色恐怖之中。

恽代英立即召开了武汉中央军校全体共产党员大会，向大家讲明了形势，嘱咐大家提高警惕，要听候党组织的安排，迎接新的战斗。接着，恽代英召集了全校师生大会，他在会上发表了感人肺腑的临别赠言："同志们，今天是我们最后一次聚会，也许明天早晨，打倒恽代英的标语，就会出现在武昌城头上！现在政治形势虽然一时逆转，但我敢说，中国革命必然会成功，以后的胜利一定属于我们！我们分散以后，希望每个同志，就是一粒革命种子，不论撒在什么地方，就让它在那里发芽、开花、结果……"他的话在学员们心中久久回荡。

恽代英转入地下斗争，他置个人生死于度外，四处奔波，秘密活动于基层组织与党员之中，组织他们与反动派继续作斗争。

一个黄昏，斜阳穿过窗户，远处有零落的枪声，还有狼狗的吠叫声。不过，这对屋外高树上的知了却没什么影响，它们仍在不知疲倦地叫着。

恽代英悄悄来到年轻的共产党员陈同生门前。陈同生身份没有暴露，仍在国民革命军工作。当他开门看到竟是恽代英时，十分吃惊地问："您怎么还没有走？"恽代英淡淡地说："你们不是还没走吗？我为什么要走？"陈同生担心地说："您是人们熟知的共产党领导人物，又经常作讲演，认识您的人很多。据各方消息，敌人已经准备捉拿您了！"

陈同生焦急地催促恽代英赶快离开武汉，恽代英却淡定地说："我来看你们，可不是来谈论个人安全问题的。"他向陈同生交代起工作，强调着军队的重要性，"有军队我们可以打翻敌人，没有军队赤手空拳只好挨敌人的揍。""这是历史先生在对我们的党、对每个革命的战士进行无情而最严格的考验的时候。""我们是否算经得起考验，这个结论让别人去作，让党去作，即是让历史先生去作。"

在危急时刻，他置个人生命于不顾，只想着如何将党的事业发扬光大。恽代英坚定的革命信念、英勇无畏的精神，让陈同生等一大批年轻的共产党员深受教育，真切感受到一位充满革命乐观主义的无产阶级革命家的风采。

紧张地安排好外面的一些工作后，又一天下午，恽代英身着便服回到家里，这才见到了他朝思暮想的妻子，沈葆英这些天把心提到了嗓子眼儿，一直担心恽代英的安危，见他回来，心里一块石头便落地了。

恽代英扶着沈葆英的肩头说："四妹，国民党已经通令捉拿我了，党安排我前往江西，去组织革命力量，我要走了！"

"放心吧，你放心地去吧！我会照顾好自己

的。"葆英体谅地说。

恽代英深情地望着沈葆英，坚定地接着说："我们匆匆结婚，又要匆匆分手。几个月前，宁汉分裂，现在是国共分家了。蒋介石、汪精卫联合起来共同镇压共产党，搞所谓的'清党'。而我们的党，因为右倾错误，没有组织反击，以致造成现在这样被动的局面……"

葆英听着他的话，理解他的心情，她何尝不痛恨这些叛变革命的人。

代英继续说着："我深信，蒋介石、汪精卫、许克祥、夏斗寅都无法绞杀革命……我们是要反击的，决不能让革命果实落到敌人手里。"他鼓励着葆英。

代英带着无限歉意，对葆英说："我要走了，你也得有应变的精神准备。你不要难过，我还会回来的。"

"你走后，我就去汉阳娘舅家躲一躲。等有了你的消息，我会过去找你。你自己保重吧。"葆英望着瘦削的代英，她知道，这些日子他没睡过安稳觉，天天在外面奔波。

"革命遭受挫折，但没有完结。共产党人是斩不尽杀不绝的！"他再次给葆英打气，眼神里充满坚定。

"嗯！我们的事业一定会好起来的！"葆英也坚定地点着头。

窗外夜色深沉，恽代英忍痛辞别了葆英，他把帽子往眉尖一拉，乘着夜色离去。

晚上，恽代英登上了东去的船，站在船舷旁，恽代英深深地吸了一口气。望着笼罩在一片黑暗中的武汉，悲愤和激昂交织在心头。江风吹来，他感觉好受一些，7月的武汉，也就这会儿有些凉意。他坚信黑夜过后，必定会朝霞满天。

领导南昌起义前后

1927年盛夏时节，神州大地上到处弥漫着令人窒息的阴霾。一队队荷枪实弹的士兵在大大小小的城镇、乡村里叫嚣着穿过，四处张贴着"清共""分共"的布告，中国的历史走到了又一个关头，何去何从考验着年轻的共产党人。

7月下旬，恽代英奉党的临时中央命令，乘船到达九江，并与李立三、邓中夏、谭平山、叶挺、聂荣臻等人召开会议，提出了南昌起义计划。7月24日，中共中央批准了南昌起义计划，并决定由周恩来、恽代英、李立三、彭湃四人组成中共中央前敌委员会，周恩来任书记，领导南昌起义。随后，恽代英等人到达南昌，领导起义的准备工作。

8月1日凌晨，在中共中央前敌委员会的领导下，贺龙、叶挺、朱德、刘伯承等率领党所掌握和影响的军队在南昌举行起义。起义军经过4个多小时的激战，肃清了守敌3000余人，缴枪5000余支，控制了南昌城。

南昌起义打响了武装反抗国民党反动派的第一枪，标志着中国共产党领导下的人民军队的诞生。光辉的8月1日，后来被确定为人民军队的建军节。

南昌起义使反动派十分惊慌，他们急忙纠集各部反动军队向革命力量反扑，形势十分严峻。8

月 3 日，起义军为执行中共中央关于南下广东，重建广东革命根据地的战略计划，开始有序撤离南昌，南下作战。

时值盛夏，时而骄阳似火，时而大雨倾盆，起义将士们在行进道路上浑身汗水，满身泥巴。加上道路崎岖，士兵们每人还要背 250 发到 300 发子弹，或扛或拉着沉重的机枪大炮，每日急行军 60 里，甚至近百里，疲惫不堪。沿途的老百姓，因受反动派的欺骗宣传，纷纷逃离家园，路上连食物和茶水都买不到。一些士兵情绪低落，落伍的、患病的日渐增多，也有一些人陆续逃跑，开了小差。

恽代英沿途一边做宣传鼓动工作，一边以身作则，把马让给伤员病号骑，自己赤着脚，坚持和士兵们徒步行军。士兵们非常感动："那些大委员们，倒比我们更能吃苦些！""恽委员都不怕苦，我们还怕什么苦！"擅长演讲的恽代英，每逢部队休息，总要进行一番演说，宣传革命必胜的道理，鼓励将士们将革命进行到底。他时而讲几句笑话，逗得战士们哈哈大笑，时而带领战士们唱几首歌，既消除了行军的疲劳，又提高了部队的士气。

在困难的日子里，恽代英非常镇静，用火一般的热情鼓励着同志们："革命本非享福与畏难的人干的事。我们不是为了享福而干革命的，我们是为将来的人创造美满生活的前敌战士。"

恽代英随着队伍，撤到了抚河边。宽阔而宁静的抚河，一下子热闹起来。恽代英来到河边，从容地下了水，停下来洗了一把脸。身上的暑热好似已散去了一半，他取下顶在头上的毛巾，擦了擦眼镜上的水珠。

"啊！恽委员，为什么不让马驮着您过河啊？"身后传来战友们关切的声音。

"恽委员的马，早就让给病号骑了！"

恽代英转过头来，笑着说："哈，我可不是旱鸭子，没马照样过得去！"

"您可得当心您那副圈圈加圈圈的眼镜，要是掉进河中央，那可麻烦啦！"有个调皮的战友关切地喊着。

"现在这儿没有船，要想来个'刻舟求剑'也不成啊。"战友们互相打趣着。

恽代英抹一把自己的平头，绽开了笑容："那倒是喽，谢谢同志们的关心啊。"

为了翻越前面的大山，天刚蒙蒙亮，部队就趁着天气凉爽上路了。走在山间小道上，恽代英脑子里还在思考着问题，没提防被路边横生的树根绊了一下，一个趔趄，眼镜摔到了地上。

哎呀！它没有掉进抚河的水晶宫里，却不料掉在这小山道上。

恽代英赶忙俯身去摸，还好，镜片没碎，只是右边的镜腿断了。身旁的同志为他担心起来，他离开这副深度近视眼镜，可怎么赶路啊？

恽代英却乐呵呵地说："不打紧，我自有办法！"

说罢，他从破军装上使劲撕下一小块布条，把断了的镜腿扎牢，再把布条打个圈，套在自己耳朵上。他摇了摇头，看看有没有掉下来的危险。还别说，这一招倒是真管用。第二天，他找到一根细绳，换下了那条不结实的破布条。

参谋团和政治部里几位细心的女同志，看到敬爱的恽代英，一边受着肺病的折磨，发着低烧，身体消瘦，一边又戴着这副破眼镜走路，要是再摔一跤怎么办？

到了宿营地，她们找上门，指着他耳朵上的绳子说："代英同志，你这样走路方便吗？我们代表同志们向你提个要求，希望你答应！"

"哦，什么要求哦？合理的要求，我当然答应啦。"代英笑着说。

"我们一致的意见是，从今天起，请你不要再步行，还是骑马吧！"

"啊？这个要求啊，谢谢女将们的关心。我没事的，我自会小心留意的。"

同志们的好意恽代英心领了，但大家还是拗不过他。那匹组织上分配给他的马，一路上驮的依然是需要照顾的伤员病号，恽代英觉得自己腿脚利落，病号们比自己更需要那匹马。

匆匆路过的城镇和圩集，都找不到一家眼镜铺子。在好多天里，恽代英就戴着这一副独一无二的眼镜，走路、开会、办公，他不以为意，将就着用。直到打下瑞金，才在城里找到一家小小的眼镜铺子，换上了一副新眼镜架，让他告别了那副陪伴了他好些天的旧眼镜。

10月初，周恩来、恽代英、贺龙、叶挺、刘伯承等人在普宁县流沙墟的一座教堂里召开紧急军事决策会议，对起义队伍的去留进行部署，决定起义人员分散到不同地区，继续开展革命。恽代英等人安排重病在身的周恩来以及指挥部其他成员撤离到安全地方后，便按照组织安排，从海边甲子港登上了前往香港的轮船。

广州起义的红旗

广州，这个大革命的策源地，美丽的南国花城，在大革命失败后，已经充满了白色恐怖，正被反动势力占领着、蹂躏着，成了反动势力的一大"魔窟"，成千上万的共产党人和革命群众的鲜血染红了珠江水。

1927年10月，张太雷在香港主持召开了中共南方局暨广东省委联席会议。会议改选出新的省委，张太雷任书记，恽代英为省委常委、省委秘书长、宣传部部长，负责主编省委机关刊物《红旗》半周刊。11 月底，中共广东省委根据党中央指示，决定趁粤桂军阀在西江地区对峙、广州市内敌军力量空虚的时机，发动广州起义。中共广东省委作出起义部署：成立起义总指挥部——革命军事委员会，作为起义的最高领导机关，张太雷任书记；成立起义军总指挥部，叶挺为总指挥，叶剑英为副总指挥。

站在香港开往广州的轮船上，恽代英心头不觉涌起一阵阵激动，即将来临的又是一场生死搏斗。随着汽笛的长鸣，轮船靠岸了，广州终于到了。

恽代英夹杂在拥挤的旅客中，混过了军警的检查，大步向秘密的联络点奔去。

广州沙面西桥斜对面的调元街，有一幢旧式双进小楼房，共产党员、海员工会负责人何潮一家人就住在这里。这儿就是新的接头地点。

12 月初，中共广东省委常委就在这儿召开了秘密的紧急会议，恽代英和杨殷、吴毅、周文雍、陈郁等人出席。

张太雷同志是中国共产党最早的党员之一，他看了看表，站起来宣布：

"同志们，现在开会！党决定近期在广州举行工农兵武装暴动！"

"近期暴动？太好了！"尽管大家早就想举行武装起义，但当确切的消息宣布之时，还是按捺不住内心的激动，脸上洋溢着兴奋的神情。

张太雷向坐在旁边的恽代英点点头，恽代英便站了起来说道："今天要在这里解决起义准备工作的几个重大问题，我先宣读起义后广州苏维埃政府和各部门的人选方案……"

恽代英接着又宣读了草拟的政纲、苏维埃宣言、告民众书等，经过会议讨论一致通过。

张太雷接着说："我把当前广州地区敌人的动态说一说……"

与会人员围着一张广州市区图，聚精会神地看着、听着，对起义力量的部署和军事行动问题进行了认真的讨论，决定在 12 月 13 日举行起义。后因暴动消息走漏，广东省委决定暴动提前发动。

12 月 11 日凌晨，叶剑英领导的国民革命军第四军教导团营房吹起了紧急集合的哨声。队伍很快在大葵棚集中，举行起义誓师大会。3000 多名革命健儿个个精神抖擞，把大饭堂挤得满满的。突然，士兵们欢呼起来，张太雷、恽代英、叶挺等人在士兵们的欢呼声中，登上了主席台。教导团是由武汉中央军事政治学校的 1300 多名学员改编的，其中共产党员有 200 多人。他们一见到恽代英，倍感亲切。自从汪精卫在武汉公开反共后，军校的学员一直没有见过他，现在他突然出现在大家面前，一个个心里都有说不出的兴奋与激动。从南昌起义到现在，恽代英始终处于繁忙的工作之中，他比过去更瘦了。在这 12 月的天气里，他衣着单薄，赤脚穿双胶鞋，但他还是和以前一样沉着、乐观，充满着革命必胜的信念。

恽代英作了热烈而又简短的动员："同志们！我离开你们好几个月了，很想念你们，我知道你们每个人胸中都埋藏着对国民党反动派无穷的怒火。在九江、在韶关，张发奎先后两次下令解除你们的武装。今天，你们的老团长叶剑英告诉你们，反动派又想解除你们的武装。这回，我们再也不会交枪了，我们要缴他们的枪。我们要坚决站在革命的工人农夫士兵一边，要报仇，要暴动，和反动派算账，讨还血债，取得暴动的胜利，建立自己的苏维埃政府。你们要勇敢战斗，解除敌人的武装，取得暴动的胜利。"恽代英的讲话，只有10多分钟，但句句打动着战士们的心，鼓舞着他们的战斗意志。

起义的号炮、枪声响了。曳光弹在夜空划过，炮弹的红光四处闪烁。冲锋号声、枪声和战士们的呐喊声响彻云霄。群情激昂的教导团、警卫团一部和工人赤卫队约5000人如猛虎下山，在郊区农民武装配合下，向第4军军部、炮兵团、警察署及银行、车站等重要目标分路发起进攻，经过几个小时的激战，很快控制了珠江北岸的大部分市区。当天，广州苏维埃政府宣告诞生。恽代英在会上宣读了《告民众书》，宣布了广州苏维埃政府领导人名单。苏维埃政府主席为苏兆征，张太雷代理，恽代英担任秘书长。

苏维埃政府成立后，恽代英组织由青年学生和妇女组成的宣传队，巡回各马路散发传单，高呼革命口号，开展革命宣传。他主编的《红旗》号外，刊登了由他主持起草的《告全国工农兵群众和全世界无产阶级的宣言》等文件，阐述了为广大工农兵利益而奋斗的苏维埃政府的政纲。

第二天，起义军占领了大部分市区。反动派和帝国主义不肯认输，联合起来疯狂扑向红色政权。英、美、法、日等帝国主义的军舰悍然轰击广州市区，海军陆战队在长堤一带登陆，赤裸裸地干预起义。市内溃散的反动军队重新纠合起来，向起义军反扑。国民党军队在英、美帝国主义的兵舰掩护下，猛攻观音山，情况不断恶化。张太雷在前往大北门指挥战斗时，遭到敌人袭击不幸牺牲。敌人援军汹涌而至，从西、北和珠江南岸三面包围了广州，广州北郊的屏障观音山失守，广州城内硝烟弥漫。苏维埃政府工作的重担几乎全压在恽代英等人身上。恽代英、叶挺、聂荣臻等人临危不惧，沉着镇定地指挥战斗。

黄昏时分，战事更加不利。聂荣臻和叶挺观察了各处的战况后，都认为起义军如不及时撤退，就有被敌人全部消灭的危险。聂荣臻在组织起义指挥部撤退时，对恽代英再次说明了情况："敌人大部队已经攻上来了，我们部队伤亡很大，必须马上撤退。再坚持下去，只能是无谓的牺牲！"

恽代英考虑了各方面的情况，向周围的同志们冷静地分析道："张太雷同志牺牲了，敌人从四面八方压来，攻得很猛，而我们的后备力量薄弱。聂荣臻同志说得对！如果坚守广州，会造成更大的损失。必须保存革命力量，等待合适的时机。"他明确指出："留得青山在，不怕没柴烧。你们可以转到东江去，与彭湃领导的农民赤卫军和红2师会合，继续斗争。"

13日，国民党军重占广州，起义失败。起义军余部分别向东江、北江等地区转移。恽代英坚信革命的失败只是暂时的挫折，他坚定地对身边的年轻同志说："挫折是不可避免的，要经得起挫折。不承认失败的人，才有再战的勇气。失败是成功之母，我们一定要从中学到东西。"他发现前来请示工作的警卫团连指导员陈同生因连队伤亡较大而意气消沉，沉浸在低落的情绪中，他振作精神，严肃地指出："四川人有句话'饿了三天饭，还要充个卖米汉',这才是英雄汉。咱们老祖宗古话说,'秀才造反,三年不成',假如我们下决心造30年反,决不会一事无成的。年轻人!要有决心干30年革命,那时,你不过50岁。接着再搞30年建设,你不过80岁。我们的希望,我们的理想社会主义、共产主义恐怕也实现了,那时世界多么美妙,也许那时的年轻人不相信我们曾被残暴又愚蠢的两脚动物统治过多少年,也不易领会我们走过的令人难以设想的崎岖道路,我们吃尽苦中苦,而我们的后代则可享到福中福。为了我们最崇高的理想,我们是舍得付出代价的。"

深夜,大部队陆续撤离,恽代英深情地望了一眼楼顶上飘扬的红旗,才随最后一批起义战士撤离广州,踏上了新的征程。

05 隐蔽战线：坚持地下斗争

香港历险

1928 年初春，武汉还是春寒料峭。一位年轻的妇女默默站在窗前，两只手捏在一起，不时搓一搓，看得出，她在焦急地等待着什么，内心充满担心。

这位妇女正是恽代英的妻子沈葆英，此时，正避难在汉阳的娘舅家，南昌起义、广州起义失败的消息先后传来，可她没打听到一点儿恽代英的消息，她担心他的安危，却又无可奈何，自打代英去年 7 月从武汉前往南昌后，她只能在等待中度过一天又一天。

这天，她又在窗前发着呆，三姐急匆匆跑进来，从内衣里掏出一封信，激动地说："四妹，代英有消息了。"

"啊?"沈葆英高兴得不知所措，过了一会儿才激动地说道："快，快给我看!"

原来，广州起义失败后，恽代英撤退到香港，立即投入到紧张的工作中。他组织有关人员寻找、接待广州起义后疏散在港的同志，将他们安全转移到上海或其他地方，保存下这批革命骨干。同时，他继续负责编辑广东省委的《红旗》杂志。恽代英稳定下来之后，这才写信给避难在汉阳的妻子沈葆英，邀她到香港来。

接信后的沈葆英简单收拾了行李，便踏上了行程。她经上海搭船到香港，路途辗转，又饱受晕船之苦的沈葆英并不在意，她只想早点见到她的代英。

终于，久未见面的夫妻团聚了，他们有说不完的心里话，真想好好坐下来一诉衷肠。但形势不容许他们有太多的儿女情长，他们选择了一个僻静的地方，租了一间普通老百姓的房子，十分小心地投身到隐蔽斗争中。

沈葆英协助恽代英整理各种搜集来的资料，每当恽代英在楼上开会时，沈葆英就在楼下把门望风。

恽代英常对她说："香港这个地方，情况特殊，各国特务间谍都有，政治斗争非常尖锐。最近国民党又派了不少特务来，斗争更加激烈。党的地下工作者，时时刻刻都要提高警惕，每根神经末梢都要参加战斗。"

有一天傍晚，恽代英不在家，党组织几个人正在他家开会，突然响起了急促沉重的敲门声。沈葆英还来不及通知开会的同志，房东已打开了门，巡捕蜂拥而进，逮捕了正在开会的几名同志。由于沈葆英的乡下打扮和机智应对，巡捕认为她只是个普通农妇才得以幸免。待巡捕离去，沈葆英迅速收回窗外那串作为暗号的红辣椒，向在外面的同志们发出警告：这里出了事。

沈葆英急忙去找恽代英。一连找了 3 天，才在街头偶然碰上打探消息的恽代英，两人不敢在路

上说话，只能一前一后相跟到一个偏僻场所，才敢停下来说话。

沈葆英向丈夫诉说了这几天的遭遇，心情极为难过："我工作没有做好，同志们都被捕了。"

同志们被捕的消息，恽代英当天就知道了，他和党组织正在设法营救他们。恽代英心疼沈葆英在外面漂泊了这几天，也为妻子的勇敢机智而高兴，安慰她说：

"革命是免不了风险、免不了牺牲的，随时要受得住考验。我还以为你也被捕了呢。看到你，我心里一块大石头就落地了。你能掩护好自己，很机智很勇敢。"

在那段艰苦的岁月里，夫妻俩互相鼓励，坚持斗争，一起面对各种风险挑战。

由于广州起义失败，广东省委损失极大，许多同志产生了一种埋怨省委的情绪。在究竟应不应该举行暴动、暴动应采取的方针以及暴动失败的原因等一系列问题上，省委内部展开了十分激烈的争论。

党中央最初派李立三到香港，主持省委工作。

李立三并没能正确地引导同志们总结经验教训，统一起大家的思想，而是简单地根据中央扩大会议对领导起义失败的同志进行处罚的决定，撤销了恽代英等人在省委的职务。这样的做法，引发了更大的混乱。

党中央及时发现后，改派邓中夏抵达香港担任省委书记，纠正了李立三的错误做法，但危险无时不在，不久省委机关遭到了严重破坏，邓中夏同志被捕，省委工作又陷入新的危机。

在这危急情况下，党中央派出周恩来赶到香港，召开了省委扩大会议。为了躲避巡捕和特务的耳目，会议利用举办婚事的公开形式，在一栋张灯结彩、布置喜庆的公馆里举行。

这天，沈葆英担任会议的保卫工作，她第一次参加这样重大的活动，意识到自己责任重大，心里既兴奋又紧张，特别小心地站在大门口接待来宾，眼睛紧张地注视着大街上，察看着有没有可疑的人。

会上，周恩来首先肯定了这次起义。他认为，这次起义正是在反革命猖獗，全国的城市都在反革命控制下的时候，广东工人和革命军人，在党的领导下，联合起来向反革命势力进行武装斗争的一次英勇尝试。在这次起义中，绝大多数同志包括知识分子出身的同志，都是英勇斗争的，提拔一些工人出身的优秀分子参加新的省委领导是很好的，但是，不能因此清除一些知识分子出身的干部。在周恩来的支持下，恽代英和其他被撤职的同志恢复了工作，他还进一步分析了起义失败的主客观原因，他对起义的精辟分析和处理问题的方法，使到会代表统一了思想，明确了前进的方向，更加坚定了斗争的信心。

那段时期，党的经费常常中断，恽代英夫妇的经济很拮据，生活异常艰苦。繁重的工作和艰苦的生活，使患有肺病的恽代英身体更加虚弱了。沈葆英看到丈夫一天天消瘦的脸庞，心中十分难过。恽代英却不以为意，非常乐观。

一次，恽代英跟沈葆英聊起当时的状况，就劝慰起葆英，他乐观而坚定地说："我们虽然是贫贱夫妻，但看王侯如粪土，视富贵如浮云，不怕穷不怕苦。我们要安贫乐道，这个道就是革命的理想。为了实现它而斗争，就是最大的快乐。我们在物质上虽然贫穷，但精神上却十分富有。这种思想、情操、乐趣，是那些把占有当幸福，把肉麻当有趣的人所无法理解的。"

恽代英把杯子移过来，在她的杯子上轻轻碰了一下，两个人会心地笑起来。葆英觉得，只要两个人能在一起，无论日子多么艰苦，她心里都是甜的。

转战上海的"工作狂人"

中国共产党的六大召开后，恽代英调到上海任中共中央宣传部秘书长，主编中共中央机关刊物《红旗》和上海地区党的机关报《上海报》。在这期间，他撰写了一系列犀利的文章，无情揭露帝国主义的阴谋，猛烈批判国民党反动派祸国殃民的罪行。恽代英从英帝国主义的军舰在南京下关的贺炮和国民党当局欢迎英帝国主义军舰的礼炮声中，看到了帝国主义侵华的阴谋和蒋介石媚外求荣的新罪行："英国的船又在南京开炮了！帝国主义者与国民党卖国贼为庆贺他们双方的成功而开炮，然而，每一炮都打在我们中国工人农民的身上，每一炮都打在我们工人农民的心上。"

国内新军阀混战，狼烟四起。恽代英毫不客气地说，这种因"分赃不均而相打"的狗咬狗的战争，已经使人民"陷于困苦颠连之境"。他大声疾呼：只有打倒一切资产阶级与买办地主阶级，建立工农兵士贫苦民众自己掌握政权的国家，才可以永远灭绝国民党的毒害，灭绝军阀战争！只有打倒豪绅资产阶级的政权，建立工农自己的政权，才能求得中国经济的独立与国际平等，这是中国工农群众唯一求生存的道路。

在白色恐怖下，无数共产党人和革命群众被逮捕杀害，恽代英愤怒地抗议国民党的屠杀政策。针对帝国主义的法权调查委员会伪善地提出中国要改良监狱一事，他鲜明地写道："革命群众所需要的，是根本毁坏现在的监狱，根本打倒反动的统治阶级，立刻释放一切政治犯，绝不仅仅是要求监狱改良——改良一点，然而仍旧保留着这种东西，好让人家来关禁自己。"

后来，恽代英又调任中共中央组织部秘书长，协助部长周恩来工作，这是他们继黄埔军校和南昌起义后的第三次合作，彼此熟悉，有着很深的战斗情谊。

在这里，恽代英是周恩来的得力助手，各省省委负责人来上海汇报工作，周恩来忙得不可开交无法接待时，都安排恽代英接谈，并授权直接作出决定。他回来把情况向周恩来汇报时，周恩来总是表示同意或照办，很欣赏他的圆满处理。

当时，大批干部从莫斯科回国，为了使他们尽快熟悉国内情况，明确工作任务，党中央根据周恩来的建议，在上海举办干部训练班，恽代英担任主任，主持日常事务工作。训练班每期时间为半个月至一个月，人数是十到二十几人，训练内容包括军事、组织、宣传、工人运动、农民运动等课目。恽代英和周恩来、李立三等领导同志经常到训练班讲课。训练班源源不断地向全国各地输送大批得力的干部，使党的各级组织得到了恢复和发展。

为了加强对敌斗争，恽代英还协助周恩来培训了一批特科保卫人员，就是人们常说的"红队"。这支年轻的队伍，在保卫党中央，打击敌特、叛徒的破坏活动中建立了不可磨灭的功勋。

那时，沈葆英担任党中央机关的机要员，抄写药水信件，登记来往电报，收发重要文件，并负责保卫工作。她与机关党支部书记邓颖超大姐建立起深厚的革命友谊，两人经常在一块儿说心里话。

有一次，邓颖超拉着沈葆英的手说："葆英妹，恩来和代英从黄埔军校到南昌暴动，两次共事，了解很深。现在是第三次共事，合作得很好。他们辛辛苦苦地为党工作，我们要保护他们的健康，保障他们的安全，这不仅是我们做妻子的责任，更是党交给我们的任务。"

邓颖超还特别交代沈葆英要关心恽代英的身体状况，她语重心长地说："葆英妹，一个女同志，作为他们的亲属，把他们照顾好，就是对党最大的贡献。"邓大姐的话，让沈葆英更加用心地投入到革命工作中去。

1928年冬，沈葆英生下了一个男孩，夫妻俩感到无比幸福。想到葆秀曾经因为难产去世，恽代英百感交集。恽代英的父亲希望这孩子长大后做管仲那样的有用之才，恽代英便给他取名"希仲"，小名则起了个很萌的名字"小毛弟"。孩子长得聪明可爱，大家都很喜欢他，邓颖超和其他同志们都叫他"小乐天"，周恩来则喜欢叫他"小代"。一次，周恩来摸着孩子红扑扑的小脸，开心地对孩子说："小代啊，快快长大接我们的班，当个社会主义的管仲！"

有了孩子，一家三口充满了欢笑声，但艰难的生活却压得恽代英两口子喘不过气。生活本来就很困难，沈葆英身体很弱，奶水不足，孩子骨瘦如柴。为了解决孩子的奶粉，恽代英每天工作到很晚，还要继续熬到深夜翻译外文书，得来一点稿费给孩子买奶粉。困难还是存在，沈葆英觉得，若要做好革命工作，则很难带好孩子；若要带好孩子，便很难做好工作，内心感到非常焦虑。

这时候，恽代英安慰妻子说："目前困难之所以产生，主要是由于阶级敌人的存在，目前要打击敌人，就要面对着困难，不在困难面前徘徊、却步……咱们共产党人没有党性和母性的矛盾。我们要去斗争，在斗争中锻炼自己，添加革命的力量；孩子也要安排得当，我们艰苦奋斗，也是为了换取下一代光辉的未来。"

夫妻俩考虑再三，不得不作出艰难的选择，把孩子安排在党秘密开办的大同幼稚园里。这样，两个人就有更多的时间投入到革命工作中。

不久，沈葆英被党派到闸北一个缫丝厂开展革命工作，担任一个党支部的书记。恽代英在工作之余，经常与妻子探讨在女工中做革命工作的办法，帮助妻子将工厂的地下工作有声有色地开展起来。夫妻俩在血雨腥风的年代里，携手并肩，将自己的小家融入革命的洪流。

不幸被捕

　　1929 年伊始，中国的革命形势有所好转，加之受到共产国际"左"倾指导思想的影响，党中央实际领导人李立三等人的"左"倾冒险主张愈演愈烈，他们命令弱小的红军离开根据地，去攻打反动势力强大的大城市，又决定刚刚恢复发展起来的白区党组织和共青团、工会等组织，合并成立各级行动委员会，组织城市武装暴动。

　　当"左"倾冒险错误刚冒头时，恽代英就不顾个人的安危得失，严肃地指出这种组织全国暴动、进攻大城市的冒险举动是不可取的，是极其危险的错误。在实际工作中，他更感到这些方针是不适宜的，开始在实际工作中抵制这种"左"倾冒险错误。

恽代英的正确意见不仅没有被接受，反而被扣上"右倾机会主义分子""调和主义"的帽子，被撤销了中央宣传部秘书长的职务，调任沪中区行动委员会书记，不久又调到工人最集中的沪东区任行动委员会书记。

严酷的斗争和接连不断的损失，使党的许多干部和广大党员群众陷入深深的思考和迷惑中。恽代英看到此情此景，内心十分痛苦，他激愤地对妻子说："有的人被胜利冲昏了头脑，不顾及上海主客观力量的对比，梦想现在就占领上海，把群众推入冒险主义的血海。在这种时刻，怎么办呢？我是为了尽量减少群众流血牺牲，才挑起这副担子的。我不能力挽狂澜，只能献身堵口。眼前，是蒋介石用血手制造的人间地狱。要摧毁这座地狱，我不入地狱，谁入地狱？我想，血是不会白流的。革命志士的血，能够增长同志的智慧，擦亮勇士的眼睛。但愿人们能够从血的代价里很快地醒悟过来，我们的事业还是有希望的。我为此而献身，也是死得其所！"沈葆英听到丈夫的话，内心十分担忧，但又无可奈何，只能默默地支持丈夫，她看到恽代英日益消瘦的脸，嘱咐他务必注意安全，保重身体，提醒他在外面从事革命时一定要小心谨慎。

1930 年 5 月 6 日早上，恽代英收拾外出的东西，葆英对他说："代英，今天就别去工厂了，我总觉得有些不大对劲。"

恽代英笑着回答说："亏你还是共产党员呢，怎么还迷信上了。工厂不去不行，他们的党支部刚被破坏，没人能够组织起工人，我必须去交代一下。"

外面的天气不错，风吹在人的脸上，柔柔的，轻轻的。恽代英的心情也不错，这两日的工作进展得比较顺利。李立三要求上海工人总罢工，恽代英虽然不赞同，可又不能不服从党的指示，他只有尽量地做好组织安排工作，让群众少流血，以保存更多的革命力量。

恽代英身着短衣，一副工人打扮，带着一包

传单，乘电车到了杨树浦韬明路，下了车之后，没有离开车站。他和老怡和纱厂的共产党员许乃高说好了，在 42 路有轨电车站接头。恽代英看了看时间，离约定的时间还有十几分钟。他住在闸北，有意出来早一些，怕耽误了接头时间，没想到今天倒车、换车相当顺利，也没堵车，竟然提前十几分钟到了。

见时间还早，恽代英把手里的传单放在地上，人坐在传单上，拿出一张报纸看了起来。杨树浦属于租界，治安不错，又是上午，街上的行人不少。恽代英看了一会儿报纸，又饶有兴致地打量起了街上来往的行人。

这时一只黑黑的小手伸到恽代英面前："好心的先生，赏一点吧。"是童声，声音清脆。

恽代英回头一看，是一个八九岁的小女孩。不远处小女孩的母亲正跪在路边，向过往的行人磕头。母亲身上还背了一个更小的孩子。

见此情景，恽代英不由得长叹一口气，同时伸手去摸口袋，猛得手停住了，口袋除了钢笔和手表外，只有几毛钱，还是留着坐车回家用的。怀里倒是有钱，40多块，但那钱不能动，是党组织让恽代英转交给许乃高的活动经费。

小孩的手仍执拗地放在恽代英面前。小孩长得挺漂亮，尽管脸上黑乎乎的，可两个大眼睛依然晶莹透亮。看着小孩企盼的眼神，恽代英心想，走回去就走回去吧，便摸出两毛钱，放到了小孩的手里。

"谢谢先生。"小孩高兴地走开了。

这一搅，恽代英便没有心思看报了，于是把报纸叠好放在右边口袋里。摘下眼镜，用衣角仔细地擦着镜片。嘴里还直嘀咕，这老许，该来了吧。

突然，远处有些混乱的粗声说话，听声音像是巡捕，说话叽里咕噜的，不像是中国人。那时的上海，大量的英国人、法国人，还有来自这些国家殖民地的印度人、安南人做巡捕，这些人，以欺负中国老百姓、敲诈勒索为生。

恽代英忙把眼镜戴上，可不是嘛，正是几个缠着红头布的印度巡捕在"抄靶子"。"抄靶子"是当时上海经常出现的一种检查形式，巡捕和军警特务突然地在街上搜查行人，号称搜查共产党，实质上就是当街勒索。他们常常抓住一个人，说他是共产党，这人若是机灵些，马上交些钱便可了事。要是运气不好，要么被白白毒打一顿，要么就被抓回去投进监狱里。

几个"抄靶子"的印度巡捕正向恽代英这边走来。恽代英暗叫一声不好。因为他身上不仅带有组织上让他转给老许的40多块钱活动经费，还有一摞传单，一旦让巡捕发现，势必暴露自己的身份。

巡捕越来越近了，恽代英急中生智，奋力一脚，把传单踢到了远处的路边，他希望巡捕查到自己时，能蒙混过去，那样即使他们再发现传单，也不会牵连到自己头上。

巡捕走到恽代英面前。一共4个人，2个中国人、2个印度人。领头的印度巡捕示意中国巡捕上去搜查恽代英。

那人翻了半天恽代英的口袋，找出了一支笔和一块手表，便问恽代英道："干什么的？"

因为恽代英穿了一身工人衣服，恽代英便说自己是找工作的。

"找工作？"巡捕重复了一句，开始搜恽代英的内衣，"什么东西？"一下把40多块钱从内衣口袋里掏了出来。

"找工作带这么多钱？说，干什么的？我看你像共党分子。"这是他们常用的手段，先诬你为共党分子，然后再让你交钱。

恽代英看着自己面前拿钱的那巡捕，尖嘴猴腮，心里尽管讨厌到了极点，可嘴上却不敢丝毫流露出来，"钱是亲戚借来的。"

"胡说，是你偷的。"站在恽代英面前的一个缠着红头布的印度巡捕用生硬的中国话说道，其他3人也附和着一起嚷。

"是借亲戚的……"

"啪！"不等他说完，另一个印度巡捕抬起手，扇了恽代英一巴掌，"是不是偷来的？"

恽代英明白，若说偷来的，自己那40多块钱党组织的活动经费就没了。现在党的事业这么困难，筹来40多块钱也不容易啊！正在犹豫之间，左边的脸又"啪"地挨了一巴掌，这是那猴子似的中国巡捕打的。

围观的群众发出一阵骚动。

恽代英捂着脸，向周围扫了一眼，见老许也在人群中。巡捕见他乱望，忙喊道："这共党分子偷钱，还有同伙！说，你同伙是谁？"

恽代英只一个人，哪里有什么同伙，说不出人时，又挨了几脚。

这时围观的人群又骚动起来，还有人打抱不平，"外国巡捕打中国人了，外国巡捕打中国人了。"恽代英听声音知道是老许。

喊的人越来越多。4个巡捕见势不妙，忙押起恽代英向人群外走去，猴子似的中国巡捕挥动着警棍，喊道："叫什么叫？谁叫就抓谁。"

恽代英心里暗暗叫苦，但庆幸他们没发现传单，不然麻烦就大了。

正走着，另一名中国巡捕突然叫了一声："什么东西？"

恽代英暗叫不好，因为那巡捕看到的正是传单。

猴子似的中国巡捕拎起来打开一看，欣喜地叫道："传单，共产党的传单。"

"传单？"领头的印度巡捕重复了一句。

"一定是你的，对不对？是不是你的？"红头布巡捕逼问恽代英。

"对，他是共产党。"几个巡捕一起嚷道，那猴子似的中国巡捕故意大声地向周围人喊着："我们今天抓住一名共产党。"

几个巡捕没敢再打人，围观的群众多了起来。这几个人押着恽代英，兴高采烈地向租界巡捕房走去。

狱中斗争

进了国民党反动派的监狱，皮肉之苦是少不了的，这是敌人摧残人的惯用招数，不少人挨不过各式非人的刑罚，被屈打成招。恽代英在严刑拷打下，始终没有说出自己的真实身份，一口咬定自己叫王作林，就是一个普普通通的工人。敌人用尽了手段，折腾了几个月，只好无可奈何地将折磨得奄奄一息的恽代英转押到漕河泾监狱，不久以"煽动集会"的政治犯罪名，判了两年徒刑。他被关进了一个大监室，里边关着的大都是以"共党"嫌疑被抓来的人。

1930 年，八一南昌起义纪念日时，恽代英向同监室的难友们讲述了共产党人领导南昌起义的经过和经验教训。这期间，为了鼓励难友们的斗志，他写下了诗歌《时代的囚徒》：

囚徒，时代的囚徒，

我们，并不犯罪，

我们，都从火线上捕来，

从那阶级斗争的火线上捕来。

囚徒，不是囚徒，

是俘虏！

凭它怎么样虐待，

热血仍旧是在沸腾！

蚊蝇和蚤虱，

黄饭和枯菜，

瘦得了我们的肉，

瘦不了我们的骨！

囚徒，时代的囚徒，

我们，并不犯罪，

我们，都从火线上捕来，

从那阶级斗争的火线上捕来。

囚徒，不是囚徒，

是俘虏！

我们并不怕死，

胜利就在我们眼前！

铁壁和铜墙，

手铐和脚镣，

锁得住我们的身，

锁不住我们的心！

　　这首诗歌表达了对敌人的无比愤慨和对革命必胜的坚定信念，后来一直在狱中流传，鼓励着一批批难友们的斗志。难友们拖着沉重的步子，昂起头，激昂地唱着。歌声回荡在阴沉沉的狱中，犹如在人们心中点燃起光明的火炬。

1930 年 8 月，恽代英被押解到苏州监狱。1931 年 2 月又转押到南京，关在江东门外国民党"中央军人监狱"的"星"字号监牢房里。漕河泾监狱、苏州监狱、南京"中央军人监狱"，都是国民党关押政治犯的重要监狱。在这不断转押的过程中，恽代英始终坚守党的秘密，隐瞒自己的身份，领导着狱友们为改善狱中生活，争取无罪释放，坚持合理合法的斗争。

南京江东门外，莫愁湖畔，一位年轻妇女正急匆匆地走在泥泞的小路上。她挽着一个小包，春风轻抚着她的脸庞。她抬头看了看天空飘着的几朵白云，眼睛里流露出难以抑制的欣喜的神色。她走过莫愁湖，就远远地看到南京"中央军人监狱"阴沉沉的大门。她捋了捋额前的头发，加快了步伐。

她就是沈葆英，这时，她心里充满了春天般期盼的激动，感到暖烘烘的。这种激动的心情，不仅仅是因为马上就要看到分别一年的丈夫，更重要的是，她是带着周恩来的口信来探监的。

原来，去年8月中下旬，周恩来、瞿秋白相继从莫斯科返回上海，开始采取措施，停止执行城市暴动和红军攻打大城市的冒险计划，及时纠正了李立三的"左"倾冒险错误。当他们得知恽代英被捕时，十分痛心，了解到恽代英的身份还没有暴露，立即派特科人员到苏州狱中看望恽代英，并迅速组织了各方面力量进行营救，花了一大笔钱，买通相关的狱警后，事情终于有些眉目了。

组织上又让人将这喜讯转给沈葆英，并通过安排，让沈葆英以王作林妻子的身份去探监，通知恽代英做好提前出狱的准备。

沈葆英按照探监规定，跨过虎口似的铁门，在一间小房内等候。不一会儿，便听到哗哗的铁链声。她透过小窗口，看到恽代英憔悴蜡黄的脸，看他走路的姿态，就知道他没少被折磨。

"你好啊！"沈葆英轻轻地打了招呼，不禁鼻子一酸，掉出了眼泪。

"四妹，你怎么啦？我很好啊！我是被冤枉的，等刑满了，我们就能够团聚的，"恽代英略停了一下问道，"家里人都好吗？"他把"家里人"

3个字说得特别重。

沈葆英立即明白，他问的"家里人"是指党内同志们，连忙点头答道："好，都很好。他们都很惦记你呢。"

沈葆英趁狱警不注意，赶紧补充了一句："伍豪同志问候你。"伍豪，是周恩来的化名，在那个斗争残酷的年代，党的地下工作者们都会有自己的化名，有时候还不止一个。

恽代英眼睛突然一亮，兴奋地说："他回来了！太好了。我在这里很好，谢谢他！这里的难友们都很照顾我，我每天还练八段锦呢！将来出去还要'做生意'活命的，对家里人说千万不要惦记我，他们平安健康，我也就称心满意了。"

他这时很激动，为党克服了"左"倾冒险错误而感到由衷高兴，又充满信心地说："告诉家里人，我争取早点出去，为家事尽力，我们的家会兴旺起来的。"

沈葆英递过小包，说："家里人都很想你，知道你身体弱，又受了折磨，让我带些东西来。是一些换洗衣服和一些吃的。"小包里面还有一张儿子小毛弟的照片，他已经在学走路了，还会喊爸爸了！恽代英一遍又一遍地抚摸着相片，眼睛里湿润起来，真想亲手摸摸孩子的小脸蛋，抱着他亲了又亲……恽代英强忍着激动的心情嘱咐着沈葆英："一定要好好抚养和教育孩子。"

恽代英渴望着出狱，重新投入到火热的斗争中去。为此他更积极地锻炼身体，并制订了出狱后的工作计划。不久，狱中党支部也通过身边狱友通知他做好提前出狱的准备，他更加期盼着出狱后继续大展拳脚。

我就是恽代英

1931年春节过后，恽代英从狱中党支部得到消息，他的老朋友林育南、李求实等24位著名共产党人，不久前在上海龙华监狱被敌人集体屠杀。恽代英悲愤至极，心情无比沉痛。为纪念死去的战友，他写下了不朽的《狱中诗》：

浪迹江湖忆旧游，

故人生死如千秋。

已擯忧患寻常事，

留得豪情作楚囚。

视死如归的浩然正气，通过诗句跃然纸上。这首铿锵有力的诗，不胫而走，在狱友中互相传抄，争相吟诵。

沈葆英探监之后的日子里，恽代英在监狱里做着计划，在心里思量着这些年来工作的得失，准备着出狱后要做哪些革命工作，怎样把工作推向前进。然而，风云突变，正当营救工作在紧锣密鼓地进行时，具体执行营救任务的中央特科负责人顾顺章却叛变投敌，为了保命，这个无耻的叛徒很快就出卖了恽代英。

这犹如晴天霹雳，把同志们的心都击碎了，晴朗的天空，一下子给乌云遮蔽。顾顺章原是中共中央政治局委员，中央情报保卫机关（即特科）的负责人。1931 年 4 月 25 日，他在护送张国焘去鄂豫皖苏区后，在汉口街头不遵守党的保密纪律上台表演魔术，被人当场认出并告密，被国民党侦缉队抓捕。他贪生怕死，很快就背叛了党，泄露了党的大量机密。国民党特务机关连发了6封电报向南京报功，恰好那天是星期天，中统调查科科长徐恩曾没有上班，电文被正在值班的中共地下情报人员钱壮飞拆阅，钱壮飞立即冒着巨大危险向正在上海的党中央报告。周恩来当机立断，把顾顺章可能会出卖的机关、人员立即全部撤走、转移。当敌人部署完毕，张开大网到上海搜捕时，却扑了个空。4月27日，顾顺章被国民党押到南京，为了乞求活命，他立即将恽代英已被监押在南京"中央军人监狱"中的消息报告国民党，作为向蒋介石乞降的一份厚礼。蒋介石得知恽代英就在中央监狱的确讯后，惊喜不已，急令南京军法司司长王震南到狱中查对。

4月28日下午，王震南立即来到"中央军人监狱"。"星"字号牢房的门打开了，只见王震南拿着登有恽代英照片的黄埔军校校刊，探头探脑地走进了牢房，后面跟着一群特务。王震南看看"犯人"，对对照片，一个一个地辨认起来。

恽代英见此模样，心里完全明白了。他十分地镇静、坦然，慢慢地站起来，迎着王震南轻蔑而又自豪地说道："甭看了，我就是恽代英！"

王震南如获至宝，兴奋地对特务们喊着："快带走！"

国民党想用收买顾顺章的办法来对付恽代英。王震南假惺惺地对恽代英说："恽先生，你是国民党中央执行委员，是中国青年的领袖，是国家杰出的人才，我们很器重你，你能回来工作，决不会亏待你！"

恽代英义正词严地回答："我是国共合作时期的国民党中央执行委员，我执行过孙中山先生制定的联俄、联共、扶助农工的三大政策。现在蒋介石变了，他反苏、反共、屠杀工农。我是共产党员，必须革国民党反动派的命。这就是我现在的庄严任务。"

王震南威胁说："你要打倒国民党，考虑过后果吗？"

恽代英笑了，说："不外杀头、枪毙。生和死，我早已看透了。我随时准备为革命献出一切！"

王震南气急败坏地下令，将恽代英加上镣铐，关到"智"字号单人监牢。

　　王震南又来了几次，最后都以失败告终。面对着死亡的威胁、高官厚禄的诱惑，恽代英表现出一个共产党员威武不能屈、富贵不能淫的崇高气节。蒋介石闻讯后，立即下令：立即就地枪决！

　　4月29日中午，难友们正在吃饭，突然狱中阴暗的通道里响起了沉重刺耳的脚镣声，难友们停下手中的筷子，朝过道望去，灰暗的过道上，一群狱卒押着恽代英朝监门走去。

　　"起来，饥寒交迫的奴隶！起来，全世界受苦的人！"

　　恽代英神色坦然，昂首挺胸，高唱《国际歌》。歌声如战鼓，在难友们心中震响，他们噙着热泪，和恽代英一起唱起来：

　　"满腔的热血已经沸腾，

　　要为真理而斗争！

　　旧世界打个落花流水，

　　奴隶们起来，起来！……"

　　激昂的歌声冲出了牢房，冲出了监狱，在湛

蓝的天空中飞翔。狱卒们惊慌失措，忙把恽代英押到狱中菜园地。前来监刑的王震南色厉内荏地吼叫："恽匪代英跪下受刑！""共产党人是从来不下跪的！"恽代英毫无惧色地望着敌人，屹立在菜场角，器宇轩昂地回答。在这最后的时刻，他面对狱卒，朝着狱中的难友们，发表了慷慨激昂的演说："蒋介石屠杀爱国青年，献媚于帝国主义，必将自食恶果！……"

演说似一团火焰，在难友们心中燃烧；演说似一柄投枪，刺向反动派的心脏。王震南暴跳如雷，急令狱卒执刑。一个狱卒奉令举起枪，但他被恽代英气贯长虹、视死如归的英雄气概所威慑，双手颤抖，半天不能扳动枪机，王震南只好换了另一个刽子手开枪。

"打倒蒋介石！中国共产党万岁！"

恽代英振臂高呼口号，敌人扣动了罪恶的扳机。恽代英身中数弹，壮烈地倒在血泊中，时年36岁。

尾 声

恽代英同志英勇就义，永远离开了他为之奋斗的事业和亲爱的战友们，但他的革命事迹展示了共产党人的崇高理想信念、高尚道德情操、为人民牺牲的大无畏精神，成为激励后人不断开拓前进的强大精神力量。

恽代英牺牲的当天晚上，狱中党支部根据全狱难友的意见作出了 3 条决定：

一、大家应以代英同志的精神，继续斗争。

二、每年 4 月 29 日上午 12 时，全体难友默念为代英同志致哀。

三、要求中国红军克服南京后，在代英同志死难处立碑纪念，并将国民党反动派用以拘禁共产党人的伪中央军监，改变为代英纪念学校。

1931年12月16日，以毛泽东同志为主席的中华苏维埃共和国临时中央政府人民委员会，在通缉叛徒顾顺章的通令中，列举了顾顺章的罪行，其中写道："他更将已经给南京政府定了徒刑的中共中央委员、全国革命青年领袖恽代英同志等从狱中指证出来，给反革命立即枪杀。"通令号召严惩叛徒顾顺章，为被他出卖而牺牲的烈士们复仇。

为缅怀和纪念恽代英，中华苏维埃共和国临时中央政府将恽代英生前考察调研过的闽西地区，划出上杭县北部几个区，成立代英县（红军长征后撤销）。1934年1月22日，中华苏维埃共和国第二次全国代表大会在江西瑞金沙洲坝开幕，毛泽东在开幕词中说："黄公略、赵博生、韦拔群、恽代英、蔡和森、邓中夏、陈原道……他们在前线上，在各个方面的战线上，在敌人的枪弹下屠刀下光荣地牺牲了。我提议静默3分钟，向这些同志表示我们的哀悼和敬仰！"

1940年6月29日，党在重庆的《新华日报》，冲破了国民党新闻机关的检查，发表了深情悼念恽代英同志的回忆文章和恽代英年表，使生活在国统区的广大人民第一次知道：全国著名的青年领袖恽代英，早在9年前就被国民党反动派杀害了。文章引起了广大人民对恽代英的深切怀念，对国民党反动派的无比仇恨。第二年6月，《新华日报》又发表了可安的纪念文章，称恽代英"是一颗充满热力放射着无限光芒的巨星，他当年快要照耀过掀起万丈波涛的淞沪江滨，照耀过一度沉浸在战斗狂潮中的武汉三镇，照耀过中国人民追求新生和光明的史篇中不可磨灭的广州和南昌，他的光彩曾经辉映在世界潮流激荡下的中国全部"。作者充满激情的语言，鼓励着千千万万颗革命青年的心。

1942年春，恽代英的四弟恽子强同志抵达延安，毛泽东同志在接见恽子强时，回忆起与恽代英的革命往事，说："代英是个好同志！"这既是毛泽东同志对战友的深挚悼念，也是对毕生为共产主义事业奋斗的恽代英的革命功绩的崇高评价。

1949年10月1日，新中国宣告诞生！恽代英生前为之奋斗的愿望终于实现了。在这幸福的日子里，党和人民没有忘记恽代英，没有忘记千千万万为中国人民解放事业而献身的烈士们，中央人民政府决定在天安门广场、南京雨花台分别建立起人民英雄纪念碑和烈士纪念馆。

1950年5月6日，周恩来总理在《中国青年》杂志上，为纪念恽代英烈士殉难19周年题词，对他的一生作了高度的概括："中国青年热爱的领袖——恽代英同志牺牲已经19年了，他的无产阶级意识，工作热情，坚强意志，朴素作风，牺牲精神，群众化的品质，感人的说服力，应永远成为中国青年的楷模。"恽代英牺牲后的多年里，每当周围人说起恽代英，周恩来总是无比痛惜地说："代英的死，对我们的党损失太大了。假如代英不死，还会给党作出很大的贡献！"

这一年，武昌中华大学筹建恽代英纪念馆，宋庆龄、董必武、叶剑英、林伯渠、吴玉章、刘伯承等党和国家领导人热忱题词，褒扬他的革命精神。

宋庆龄同志的题词是："代英烈士纪念，在伟大的革命中光荣地献身，他给青年们江流那样不断地追思。"

董必武同志的题词是："恽代英同志是我党最

善于联系青年和劳动群众的领导人之一。他经常正确地反映青年和劳动群众的意见，引导他们前进，同时不断地向他们学会了许多东西。"

叶剑英同志的题词是："青年模范，人民英雄。"

林伯渠同志的题词是："伟大的中华民族最优秀的儿子中国共产党最卓越的领导者恽代英同志精神不死。"

吴玉章同志的题词是："革命青年的模范。"

刘伯承同志的题词是："恽代英同志存在我脑际的就是一位坚持真理坦白热情艰苦朴素为中国革命而牺牲一切以垂训后世的烈士。"

1961年4月，在恽代英牺牲30周年时，董必武同志又怀着对战友的无限思念之情，挥毫写下了七绝一首：

> 抓住青年进取心，手书口说万人钦。
>
> 血腥刀俎君莅蘸，卅载难忘此恨深。

在恽代英战斗过的地方，人民用不同的形式纪念这位英雄。常州市博物馆，武汉市三十三中

（原中华大学旧址）等单位办起了烈士的陈列室。湖北省武昌实验小学（原武汉中央军校旧址）先后成立过两个以恽代英命名的少先队中队。北京、上海、武汉、南京、常州文物管理单位征集了恽代英的日记、书信、照片、实物等。1986年，南京市人民政府在恽代英烈士殉难处建立了恽代英烈士纪念碑。

1981年，在恽代英英勇就义50周年之际，中央党校出版社将他1917年、1918年、1919年日记整理出版，北京出版社出版了他的书信集《来鸿去燕录》，人民出版社1982年5月出版了《回忆恽代英》，1984年5月出版了《恽代英文集》上、下卷，2014年5月出版了290万字的《恽代英全集》9卷。新中国成立以来，各出版社先后出版了恽代英传记作品多种，各报刊上发表了数百篇纪念恽代英的文章。

2009年9月14日，恽代英被评为"100位为新中国成立作出突出贡献的英雄模范人物"之一。

2015年，恽代英诞辰120周年之际，华中师范大学推出了大型话剧《恽代英》。

恽代英同志离开我们将近 90 年了，但他光辉的形象和勇往直前的革命精神，将永远激励着后人为共产主义事业不懈奋斗。

恽代英同志永垂不朽！

后　记

　　2019 年 10 月 1 日上午，新中国成立 70 周年的盛大阅兵仪式，在天安门广场隆重举行。在庆祝中华人民共和国成立 70 周年大会上的讲话中，习近平总书记强调："向一切为民族独立和人民解放、国家富强和人民幸福建立了不朽功勋的革命先辈和烈士们，表示深切的怀念！"

　　这盛世，如他们所愿！在欢庆胜利的历史时刻，我们不禁想起千千万万为了新中国成立而抛头颅、洒热血的革命先烈们，包括这本书的主人公——恽代英。

　　恽代英是中国共产党创建时期的重要领导人，伟大的无产阶级革命家、理论家和宣传家，中国共产主义运动的先驱。他是中国革命青年的楷模，亦是中国青年运动的领袖。

为了写好他的故事，笔者搜集、阅读了他的大量相关资料，以及后人、研究者撰写的各类书籍文章，以期能够更深入地走进那段远去的历史，去感受波澜壮阔的革命年代，领略这位伟大的革命先驱如何高擎革命大旗，引领广大革命青年在黑暗中摸索，在斗争中前进的丰功伟绩。恽代英的革命生涯只有短短的 10 多年，但他思想深邃，著述颇丰，经历丰富，革命足迹遍及大半个中国，留下了不朽的革命遗产，值得我们后人好好地去挖掘他的事迹和他的思想。

《恽代英》一书的编写，在继承前人资料、尊重史实的基础上，进行了符合现代读者阅读习惯和审美的文学调整和故事写作。在编写过程中，得到了军事科学院军队政治工作研究院领导和机关的大力支持，赵一平、李博、邓礼峰、张明金、康月田、陈政举、潘宏等专家学者进行了审读，提出了宝贵的意见。

主要参考资料有：《恽代英文集》（上、下卷）（人民出版社编）、《回忆恽代英》（人民出版社编）、《恽代英年谱》（李良明、钟德涛主编／湖北人民出版社）、《恽代英传记》（田子渝、任武雄、李良明著/湖北人民出版社）、《恽代英传》（张羽、铁凤著/中国青年出版社）、《恽代英传》（虞建安、李兆娟、汪旭东编著/江苏人民出版社）、《恽代英的故事》（上、下）（魏春桥著/时代文艺出版社）、《恽代英思想研究》（李良明等著/人民出版社）、《恽代英教育思想研究》（金立人著/辽宁教育出版社）等。

在此，谨向关心和帮助本书写作的各位专家学者和老师，以及上述书刊作者、编辑致敬！并致以深深的谢意！

图书在版编目（CIP）数据

恽代英 / 军事科学院解放军党史军史研究中心编著
. --北京：学习出版社，2020.9（2021.5重印）
（中华先烈人物故事汇）
ISBN 978-7-5147-0999-5

Ⅰ.①恽…　Ⅱ.①军…　Ⅲ.①恽代英（1895-1931）—
传记　Ⅳ.①K827=6

中国版本图书馆CIP数据核字（2020）第149836号

恽代英
YUN DAIYING

军事科学院解放军党史军史研究中心

责任编辑：张　俊　李　琳　封面绘画：刘书移
技术编辑：刘　硕　　　　　内文插图：韩新维
美术编辑：杨　洪

出版发行：学习出版社
　　　　　北京市东城区崇外大街11号新成文化大厦B座11层
　　　　　（100062）
　　　　　010-66063020　010-66061634　010-66061646
网　　址：http://www.xuexiph.cn
经　　销：新华书店
印　　刷：北京联兴盛业印刷股份有限公司

开　　本：787毫米×1092毫米　1/32
印　　张：5.25
字　　数：74千字
版次印次：2020年9月第1版　2021年5月第2次印刷

书　　号：ISBN 978-7-5147-0999-5
定　　价：20.00元

如有印装错误请与本社联系调换，电话：010-67081356